社会主义核心价值体系建设
"双百"出版工程

项 目

/100位

新中国成立以来感动中国人物/

杨 怀 远

夏冬波/著

吉林文史出版社

前 言

　　每个人的心中都多少有一点英雄情结，都向往英雄、景仰英雄。也正因此，在中华人民共和国建国六十周年之际，由中央十一部委联合组织开展的"100位为新中国成立作出突出贡献的英雄模范人物和100位新中国成立以来感动中国人物"的评选活动中，群众参与投票总数近一亿。这其中的每一张选票，都表达了人们对英雄模范的崇敬之情，寄托着对伟大祖国的美好祝福。

　　一个民族不能没有英雄，否则这个民族就不会强大。当国家危难之时，懦弱者选择了逃避、妥协甚至投降，英雄们却挺身而出，用热血捍卫民族的尊严，人民的幸福。在创立和建设新中国的伟大历程中，涌现出无数可歌可泣的英雄模范人物。他们之中，有为了民族独立和人民解放而英勇牺牲的革命先烈，有为了党和人民的事业而不懈奋斗的优秀共产党员，有在全民族抗战中顽强奋战、为国捐躯的爱国将士，有英勇杀敌的战斗英雄和革命群众，有积极从事进步活动的著名民主爱国人士和国际友人……他们是民族的脊梁、祖国的骄傲，是激励全体人民团结奋斗的精神力量。

　　《100位新中国成立以来感动中国人物》丛书，就像一部星光璀璨的英雄谱，真实、完整地记录了英雄模范人物不平凡的一生，再现了他们非凡的人格魅力和精神世界。舍身堵枪眼的黄继光，拼命也要拿下大油田的王进喜，中国原子弹之父邓稼先，新时期领导干部的楷模孔繁森……一串串闪光的名字，一个个动人的故事，犹如群星闪烁，光耀中华。

　　当今中国正处于伟大变革的时代，迫切需要涌现出一大批勇于承担历史使命、为祖国和人民奉献一切的先进人物。在"双百"人物崇高精神的引领下，在建设社会主义现代化国家的征程中，必将英雄辈出。

生平简介

　　杨怀远，男，汉族，安徽省庐江县人，中共党员。1937 年出生，1956 年入伍，1960 年转业，交通部上海海运局长柳轮原服务员。

　　杨怀远曾先后担任原交通部上海海运局和平 14 号轮、大庆 11 号轮的生火工、服务员、副政委、政委。1980 年他主动辞去政委职务，到长柳等轮继续担任服务员，直到 1997 年 11 月退休。38 年中，他始终以雷锋为榜样，甘当人民的"挑夫"，自备 120 多种方便旅客的用具，肩挑小扁担，穿梭于旅客之中，为旅客排忧解难，被旅客誉为"老人的拐杖"、"孩子的保姆"、"病人的护士"。他独创一套语言服务和心理服务学，用日记积累了 6000 余首服务诗歌、顺口溜，还把服务经验写成 40 余万字的《讲点服务学》。他挑着一根为人民服务的小扁担，从青年、中年挑到老年，始终不计报酬，全心全意为人民服务，被誉为"小扁担精神"。曾经被他帮助过的群众在他的 47 根扁担上写满了饱含真情的话语。他不仅是优秀的服务员，还是精神文明的宣传员。退休后，他成为上海百老德育讲师团成员，应邀到学校、企事业单位等作报告 600 多场，认真践行着"为人民服务到白头"的人生信念。

　　杨怀远在最平凡的工作岗位上开创了"小扁担精神"，受到海内外旅客的赞誉。杨怀远曾是中共十三大代表，受到毛泽东、周恩来、邓小平、江泽民、胡锦涛等党和国家领导人的接见。曾获得全国交通战线学习毛泽东著作标兵、全国劳模、全国总工会五一劳动奖章、上海市优秀共产党员等荣誉 60 多项。2009 年入选"100 位新中国成立以来感动中国人物"，同年还被中华全国总工会评为"时代领跑者——新中国成立以来最具影响力的劳动模范"。

1937-
[YANGHUAIYUAN]

◀杨怀远

目 录 MULU

永远的"小扁担" / 119

38年来,杨怀远的肩上有两块像肉馒头一样的肉疙瘩,它见证了杨怀远挑扁担的人生历程;38年来,杨怀远始终坚定信念,牢记一个宗旨,为人民服务到白头;38年来,杨怀远始终以雷锋为榜样,甘当人民的"挑夫"。杨怀远的小扁担已经作为革命文物被中国革命博物馆、上海中共一大会址纪念馆等永久收藏;2009年,在庆祝国庆60周年之际,杨怀远入选"100位新中国成立以来感动中国人物";同时,又被中华全国总工会评为"时代领跑者——新中国成立以来最具影响的劳动模范"之一。杨怀远的这条"小扁担",承载着太多的人间"大仁"、"大爱"、"大美"……

■后记　在平凡中感动中国 / 125

为人民服务的"小扁担"（代序）

　　杨怀远是著名全国劳动模范，他以全心全意为人民服务的"小扁担精神"享誉中外。几十年来，他用热情周到的服务迎送了千千万万旅客，以互相关心、互相爱护、互相帮助的新型人际关系给广大旅客留下了美好的回忆，为企业赢得了良好声誉。杨怀远曾受到党和国家领导人毛泽东、邓小平、江泽民、胡锦涛的接见，这是党和人民给予一个普通服务员的殊荣。

　　杨怀远把当好一名客运服务员作为他全心全意为人民服务、施展个人才华、体现人生价值的舞台，在平凡的岗位上做出了不平凡的成绩。他几十年如一日，把全部身心都投入到为旅客服务之中。他热爱旅客，把旅客当亲人，他常说的一句话是："宁愿自己多麻烦，不使旅客不方便；宁愿自己多流汗，不使旅客有困难。"始终以"让旅客满意而去"为座右铭，为旅客做了无数的好事，也赢得了无数赞誉。许多旅客写在他小扁担上的肺腑之言，是对他的最高奖赏。

　　除了做旅客的"小扁担"，杨怀远从服务工作的扫、倒、拖、揩、端、送、洗、刷中，总结出"亲、勤、和、迎、访、送"的服务经验，独创了一套语言服务和心理服务学。他刻苦钻研心理学、社会学，掌握航海、地理、气象、民俗、医药、烹饪、哑语、外语等相关知识，成了一名"全能服务员"，被旅客称为"老人的拐杖"、"孩子的保姆"、"病人的护士"、"聋子的耳朵"、"哑巴的嘴巴"、"瞎子的眼睛"……他不断总结经验，创造性地改进了许多服务手段，还用他那独具特色的生动语言，归纳、概括了许多反映服务规律的经验。杨怀远文化程度不高，但顺口溜出口成章，著有《讲点服务学》、《杨怀远诗选》、《为人民服务到白头》、《杨怀远歌谣选》等书。

　　杨怀远退休后，仍心系客船，担任了客运服务顾问，继续探索适应社会主义市场经济需要的服务学，培养出一批青年服务标兵，使"小扁担精神"成为企业的宝贵精神财富。杨怀远还是精神文明的宣传员，通过宣传、传播社会主义精神文明，让"小扁担精神"代代相传。杨怀远的小扁担从60年代挑到90年代，以自己付出的艰辛劳动，践行着一位共产党员"为人民服务到白头"的高尚情怀，谱写了一首首爱的奉献之歌。

青少年时代

→ 凄苦童年

★★★★★

在安徽省庐江县东乡，有一个叫"冷水浇脊"的地方。"冷水浇脊"的东边是何氏陵园（中华何姓族源地），南边是黄陂湖，西边是照壁山，北边是发火山。杨怀远家就住在"冷水浇脊"与照壁山之间，现在属安徽省合肥市庐江县白湖镇泉水村五门村民组。

1937年1月5日杨怀远出生在这里的一个贫苦农民的家庭。父亲叫杨贤杰，母亲陈氏，兄妹五人，大哥杨怀贵、二哥杨怀如、姐姐杨怀珍，还有一个妹妹杨怀菊，杨怀远在兄妹中排行老四。杨怀远还有一个小名叫杨桂枝。

杨怀远6岁那年，父亲杨贤杰因家庭困难欠下地主家三担稻子，因无力还债，父亲被逼得没有办法，就把自己卖了壮丁。打那以后，始终没有音讯，下落不明。母亲带着兄妹五人，老大13岁，最小的妹妹才3岁。陈氏勤劳善良，因是小脚，只能在家做些纺织，在田上种种棉花。一家六口睡一张床，一床被子，衣不蔽身体，糠菜半年粮，家里一贫如洗。为了不让五个孩子饿死，她把两个女孩给了邻村陶冲徐家和汤家做童养媳，三个男的打长工。杨怀远8岁就做了小长工，给人家砍草、拾粪、放牛，有时还要去讨饭。一次在讨饭时，被地主家的狗咬了一口，至今腿上还有狗咬的伤疤。杨怀远12岁帮詹家做工，每年一顶草帽、一条大手巾、一条扁担，整日劳作，劳而无值。受尽人家的压迫剥削。

据杨怀远大姐杨怀珍回忆：杨怀远在10岁的时候，连个斗大的字都不认识，看到有的伙伴上了学堂，便向妈妈要书读，他向妈妈说："妈妈，我要念书，我边讨饭边念书，你只要给我交学费就行，不要买本子，我写字在地上写。"妈妈含泪说："孩子，我们全家一天三顿，吃了上顿没下顿，哪有钱给你念书？妈妈对不起你啊。孩子……"杨怀远含着眼泪，从此再也不向家人提念书的事了。

杨怀远的母亲陈氏，是个大义明礼、忠厚善良之人，虽然家里很贫穷，自己没有多少文化，但总是重视言传身教，盼望子女个个成人。她要求孩子要顺道规矩；要勤劳，不怕苦；见人要打招呼；要听主人的话；要干一行爱一行，干一家留一家。杨怀远的姐姐杨怀珍、妹妹杨怀菊至今还记得妈妈的话，说，我妈妈常教育我们：人要忠心，火要空心；紧睁眼，慢开口；嘴稳手稳，处处好安身。这些话，到今天我们都背得熟。由于陈氏的含辛茹苦，杨怀远兄妹五个都活了下来。

杨怀远小时也很聪明，很勤快，好学习。他虽然一天书房未进，但他在小店看到什么字，回来就在手心里画个不停。听到别人说唱，他一学就会，而且还能拉二胡。他唱门歌、山歌、秧歌、灯歌、薅草歌、水车号子、顺口溜等等，样样都会，头头是道，神着呢！

今年已经 81 岁高龄的杨怀如回忆：我弟弟杨怀远小时候就有一把力气，干事勤快，干练得很，动作也麻利，整天闲不住。妈妈在世，常教育我们，要求我们在哪里都要好好干事，不然，人家不要我们，我们就会饿死、冻死。怀远先当小长工，十三四岁左右当长工，夏无衣，冬无被，荒年还出去讨饭，全家一直过着吃不饱、穿不暖的贫苦生活。

回忆童年的凄苦，杨怀远在其诗歌《幸福不忘磨难苦》中记述道：

回顾童年，尚未解放，皖淮穷区，是我家乡，
国难天灾，年年遇上，苛捐如毛，刮骨剔肠，
地主催租，搜钱搜粮，封建统治，百姓遭殃，
土匪强盗，更是猖狂，家贫如洗，生存无望，
父亲早逝，母亲难当，哥弟姐妹，血泪成行，
冬无盖被，夏无蚊帐，赤脚光足，衣破如网，
十磨九难，吃草咽糠，饥寒交迫，难度时光，
哥哥年幼，去把工帮，妹妹被迫，童养媳当，
母亲和我，讨饭逃荒，每年过年，回家一趟，
全家团聚，眼泪汪汪，富人过年，杀猪宰羊，
我家过年，空盆空缸，富人过年，烛明炮响，
我家过年，灶灭锅凉，富人过年，宾客满堂，
我家过年，无人来往，富人初一，玩闹春光，
我家初一，各走一方，带只破碗，穿村走庄，
伸着双手，紧靠门旁，声声讨叫，要点残汤，
只要能吃，哪管肮脏，恶狗咬腿，鲜血直淌，
讨过十五，又将工上，老板狠心，活赛阎王，
视我牛马，打骂经常，起早摸黑，累断腰膀，
放牛捡粪，耕种插秧，磨磨冲米，晒谷打场，
担水砍草，喂猪挑筐，背负小孩，还洗衣裳，

天天如此，遍体鳞伤，小小年纪，向谁诉讲，

母哭子悲，路在何方？

童年的苦难在杨怀远幼小的心田播下了痛恨旧社会的种子。

1949 年 1 月 23 日，在中国共产党的领导下，庐江县全境解放了！10 月，庐江民主县政府改称为庐江县人民政府。贫苦的农民终于翻身解放了，杨怀远全家也沉浸在无比的幸福之中。

⊖ 参军入伍

★★★★★

解放后，杨怀远家分得了田地，做了主人。由于上面还有两个哥哥，杨怀远在 1952 年到 1954 年外出到安徽皖南南陵县做田去了。1954 年、1955 年随高满仓到本县矾山镇学石匠。那可是个出苦力气的活，主要是开山炸石，做石磨、修石桥。1956 年春，首次征集义务兵。杨怀远和二哥杨怀如积极响应国家号召，参加征兵体检（老大杨怀贵未参加体检，因家里要留一人种地）。结果二哥杨怀如没有检上，杨怀远体检合格，政审更不用说，从此参加了中国人民解放军。是年，全县有 1662 名青年应征入伍，在庐江县历史上也是空前的。杨怀远离别

家乡，最舍不得的是与他相依为命的母亲，临走时，与母亲痛哭一场。

　　杨怀远入伍的部队先驻长岛，后驻山东黄县。他刚参军的兵种是工程兵。部队是一个大熔炉，杨怀远从内心感谢共产党和毛主席，他常说的一句话："是共产党和毛主席把我从火坑里拯救出来。"到部队，一切都是新的，他勤学苦练，全身有使不完的劲。由于自己文化程度低，到部队，最重要的一件事是扫盲。据与杨怀远同时入伍的老战友夏日玉回忆：他俩当时分配在工兵一一二团一营一连。夏日玉长杨怀远一岁，初小文化程度，杨怀远斗大字不识。安排他到速成班学习，一个礼拜学习两天，都是晚上组织的。杨怀远在部队仅三个月，就寄了一封信回来了，字写得不咋地，但当全家接到这封信之后，知道杨怀远真的进步了。杨怀远在部队给家里的第一封信中说了这样一句话："人民军队大学校，又学政治又提高。"质朴的话语中，寄托了无限的希望和对未来前途的憧憬。

　　经过刻苦学习，到了 1957 年，杨怀远终于摘掉了文盲帽子。我问了杨怀远的战友夏日玉，摘文盲帽子大概相当于什么文化水平？夏日玉说："达到小学二年级左右，也就认识一些字，能写信、写日记而已。"夏日玉又说："杨怀远在部队突出的印象是为人办事热心，想人所想，急人所急，肯吃苦耐劳，有坚持力。当新兵想家时，他总是劝战士安心部队生活。他经常帮生病的战友打饭，即使是自己负伤时，他在住院时还帮别人送饭、洗衣服。他有一种亲和力，大家都愿和他交朋友。他书不离手，顺口溜很有特点。"讲到老战友杨怀远，夏老如数家珍。

　　1957 年底，杨怀远在薛家岛实施坑道建设时，绞砂浆拌混机绳子断了，机械、水泥、砂浆全打压在他身上，杨怀远全身是血，当场昏迷。经及时打抢救针，先送到卫生所，卫生所又送到蓬莱卫生连，由于伤势太重，又及时送往青岛海军 401 医院救治。战友夏日玉那时正好是卫生员，他参与了救治过程。夏日玉说："杨怀远当时头部和腿受伤，而且头伤最重，全身是血，差一点没了命。"五十多年后，杨怀远见到老战友夏日玉，还向我介绍说："夏日玉老战友是我的救命恩人！"

1957 年，杨怀远入了团。1958 年，杨怀远负伤后不久，光荣地成为一名中共预备党员。

1958 年，杨怀远开始了毛主席著作的学习。在山东黄岛部队期间，杨怀远还担任了副班长。由于当时蒋介石叫嚣反攻大陆，为加强东南沿海防务，部队要调防。杨怀远的部队属义务兵，三年就要退伍了，而部队在数千人中只留下一个营，约 300 多人，杨怀远被部队留了下来，这一年部队调防福建海澄县（今龙海市）。

在福建国防建设中，杨怀远不幸又受了重伤。家人只是在后来信中知道的，杨怀远说自己腿上负了伤，立了三等功。1958 年 9 月，杨怀远成了一名炊事班的班长。

杨怀远在部队期间接受了严格的军事教育，思想觉悟和作风素质大有提高，他在部队的最大收获一是扫除了文盲，二是学习了毛主席著作。杨怀远扫除文盲是在 1957 年。1958 年，杨怀远在山东部队受伤后住进了 401 医院，为了战胜病魔，他开始学习毛主席著作。据杨怀远回忆："我学习毛主席著作是在部队时开始的。1958 年，我在国防建设中负伤，住了医院。当时很悲观，我想腿打断了，脑子也受了震荡，如果成个残废，将来怎么参加社会主义建设？医院指导员了解了我的思想情况，就给我讲革命的故事，还借了《毛泽东选集》第一卷给我看。那时我刚摘掉文盲帽子，只能勉强地看；有不懂的地方，就请同志们讲给我听。这样，读完了《星星之火，可以燎原》、《井冈山的斗争》等文章。毛主席著作使我增强了战胜疾病的勇气和信心，克服了悲观情绪。"当时因文化水平低，许多地方也看不懂，所以学习不经常。他深深感到没有文化的确寸步难行。于是，杨怀远决心以愚公移山的精神攻下文化水平这个堡垒。

随着文化水平的提高，杨怀远越来越体会到毛主席说的"没有文化的军队是愚蠢的军队"的道理。当他第一次从《中国社会各阶级的分析》这篇著作中看到毛主席对旧中国贫农生活情况的分析时，心情十分激动。他感到"毛主席的每句话，都说到自己的心里"，从此激起了他学习毛主席著作的强烈愿望。通过一段时间的学习，杨怀远更深刻地感受到：读了毛主席的书，还能了解党史、国史和中国人民受帝国主义、封建主义、官僚主义三座大山压迫的苦难史，看到毛主席在著作中处处保护人民、爱护人民的深情厚谊，使他增强了热爱党、热爱毛主席、热爱社会主义的感情。1960年冬，杨怀远依依不舍地从部队退役了。

海员初当

1960 年冬，杨怀远当了四年兵之后从部队转业到上海海运局工作，最初被分配到和平 14 号轮当生火工，后来又到建设 11 轮当生火工。由于杨怀远在部队受过伤，对锅炉间的高温不适应，1962 年 12 月，组织上将杨怀远改行到民主 5 号轮做客运服务员。在这期间，杨怀远最大的收获是坚持学习毛主席著作。杨怀远活学活用毛主席著作，使自己深受教育，稳定了因工作变动而带来的思想情绪，树立了全心全意为人民服务的思想。1963 年 3 月 5 日，毛主席向全国发出"向雷锋同志学习"的号召之后，杨怀远找到了学习的榜样和目标，他下定决心，一定要向雷锋同志那样，把有限的生命投入到无限的为人民服务之中去。从此，杨怀远的人生发生了重大的转变，由此而演绎出一条"小扁担"的故事。

⊖ 学习标兵

★★★★★

　　杨怀远自从到轮船上工作以来，他克服自己文化程度低、学习条件差、身体又有伤病等困难，凭着一本字典，靠顽强的毅力，坚持学习毛主席著作，并且到 1963 年，被评为上海市五好职工。到 1965 年杨怀远已经成为全国交通系统学习毛主席著作标兵、上海市五好职工、上海市团市委红旗青年突击手……这一连串荣誉的背后，是杨怀远付出的非同寻常的艰辛。

1958 年，杨怀远开始学习毛主席著作第一卷，当时学得很吃力，一篇《为人民服务》，就有 7 个字不认识，一篇《湖南农民运动考察报告》，就有 50 多个字不认识，但他仍然坚持了下来。到 1960 年，《毛泽东选集》第四卷出版，杨怀远以极大的兴趣又很快投身到学习之中。几年下来，杨怀远通读了《毛泽东选集》一至四卷，其中有的文章读了四五遍，有的文章读了十多遍，也有的文章读了二十多遍，并且坚持写了二十多万字的日记和学习读书笔记。通过学习，杨怀远越来越认识到学习毛主席著作的重要性，认为其在改造自己的世界观，改进和提高自己的工作方面大有益处。

杨怀远学习毛主席著作一个显著的特点是带着浓厚的无产阶级感情去学，为提高自己思想觉悟而学，为干好革命工作而学，学用结合，学以致用，真正成了一名读毛主席的书，听毛主席的话，照毛主席指示办事的好职工。

学习毛主席著作，提高了自己的思想觉悟。杨怀远在学习了毛主席的《中国社会各阶级的分析》中对农民情况的分析之后，觉得这就好像是毛主席给自己家里做了总结似的。他想得很远很多：自己的父亲是怎样被地主逼卖壮丁死在外面的，母亲是怎样领着自己讨饭的，党是怎样把他全家从火坑里救出来的，入党时自己是怎样宣誓的，现在毛主席又是怎样要求自己的……在学习了《湖南农民运动考察报告》之后，他感到毛主席真是给广大农民撑腰的，激发了自己的阶级感情，认识到自己的穷苦不是命不好，而是阶级的苦，是受压迫、剥削的结果。越想越觉得是党和毛主席救了他全家，一种对新社会的爱油然而生。杨怀远至今还不无感慨：过去小时候是个有神论者，生病了相信抓香灰，吃救生丹；学习了毛主席著作后，从有神论者转为无神论者，真正搞懂了自己的苦

△ 杨怀远1962年时的留影

是压迫的结果，使自己有一种强烈的翻身感。

学习毛主席著作，杨怀远稳定了自己因工作变动而带来的情绪波动，很快做到爱岗敬业。如1962年组织上考虑杨怀远身体不好，调他到民主5号轮当服务员，他就有点想不通。杨怀远当时想，自己大小在部队是个班长，现在年纪轻轻，去做倒痰盂、扫地抹桌、收拾饭菜的服务员，尽做些婆婆妈妈的事多不光彩呀，又看到和自己一起转业到上海海运局的同志有不少人都做了客船的乘警，心里也不是个滋味，想想自己一米八的大个子，不如要求去干乘警吧。可当杨怀远再次学习了毛主席著作，想想白求恩毫不利己专门利人的精神，想想张思德1932年就参加红军，经过长征，负过伤，到1944年还在烧炭，忠心耿耿干革命的信念，而自己却不服从组织分配，自己也受过军队教育，也是党员呀，这与白求恩、张思德比差得太远了。越想越惭愧，越想越觉得是个人主义在作怪，没有树立彻底为人民服务的思想。经过激烈的思想斗争，杨怀远决心要当好一名服务员，并以诗明志：

　　不学杨柳一季青，要学松柏四季春；

　　不学灯笼千只眼，要学蜡烛一条心。

　　当杨怀远穿上服务员的工作服，看着胸部左上襟绣着"为人民服务"五个大红字，他感到无比亲切和自豪，是毛主席著作帮助杨怀远过了当服务员的第一关。学习毛主席著作，提高了杨怀远全心全意为人民服务的本领。这还不够，要当好服务员，可不是那么简单的事。旅客那么多，困难又各种各样，整天忙得团团转，心里又有点不耐烦了。他心里嘀咕，自己粗手粗脚的，不是干服务员的料，还是去当生火工吧！可一想到组织和同志们对自己的希望，他又难于启齿。杨怀远又学起了毛主席著作。当他读到《将革命进行到底》时，觉得我们的革命工作，就是当服务员，决不能半途而废。"只有一颗为人民服务的心是不够的，还要有一套过硬的服务本领才行"。于是，杨怀远就利用公休假期到许多先进的客轮上去跟班学习，他背熟了许多火车、汽车时刻表，他学习各种方言，甚至还到聋哑手工工厂去学习哑语手势。船上的同事也给杨怀远以热情的帮助和关心，一些老师傅教他学端碗，女同事教他学叠毛毯。……慢慢地杨怀远开始懂得，旅客再多，也不外乎几种类型：南方的、北方的；农村的、城市的；年老的、年轻的；出差的、探亲的；带小孩的、空身的；身体强壮的、老弱病残的，等等。针对旅客的这些特点，他就来个分别对待、因人制宜地去服务。对上了年纪、行动不便的，就主动送水送饭；小朋友喜动爱玩，就多注意他们的安全；

◁ 《杨怀远是怎样活学活用毛主席著作的》书封面

对不常出门的农民，就多介绍交通知识，关心他们的饮食起居；出差干部喜欢在旅途中看看书报，就注意给他们一个安静的环境……

这一阶段，杨怀远把学习毛主席著作作为自己"做人的依据，行动的指针"。他在任何情况下都坚持学习；文化低，难不倒；时间紧，挤不倒；风浪大，刮不倒。他把在向毛主席著作学习时不请假，作为自己一生的制度。

杨怀远活学活用毛主席著作，取得很大的成效，组织上也给予很高的荣誉。1965年4月20日，中共交通部委员会发出《关于宣传和推广杨怀远同志活学活用毛主席著作经验的决定》；1965年4月22日，交通部、交通部政治部作出《关于授予杨怀远同志"学习毛主席著作标兵"称号的决定》；交通部政治部还刊发《学习杨怀远同志活学活用毛主席著作的经验》的专文。

→ 榜样的力量

☆☆☆☆☆

1963 年 3 月 5 日，一个响亮的名字在中国大地上震彻四方，中央发出向雷锋同志学习的号召。当时我们党和国家的主要领导人毛泽东、刘少奇、周恩来、朱德、陈云和邓小平同志，都热情地题了词，号召全国人民向雷锋同志学习。雷锋的伟大精神感染和教育了千千万万群众。大江南北、长城内外到处都掀起了学习雷锋的热潮。

杨怀远在认真学习了雷锋的事迹和雷锋的日记后，也一下子被雷锋的先进事迹和崇高精神吸引住了，在思想上产生了很大的震动。杨怀远是个喜欢学习和思考的人，他把自己和雷锋做了个对照，发现自己和雷锋有四个相同点和一个不同点。四个相同点：第一点，他和雷锋的年龄基本相同。杨怀远生于 1937 年 1 月，只比雷锋大 3 岁。第二点，他和雷锋出身都很苦。雷锋在旧社会被逼得家破人亡，成了孤儿，杨怀远虽然不是孤儿，但从小就讨饭，做小长工，受尽了苦难和欺凌。第三点，他和雷锋都是党和毛主席从水深火热中解放出来的。没有共产党和毛主席，就没有现在的幸福生活，他们都有强烈的翻身感。第四点，他们工作经历大体相同，都参过军，在部队里又都是工程兵。一个不同点，就是雷锋在平凡的岗位上作出了不平凡的业绩，参加工作不到 6 年，年仅 22 岁就成为一名共产主义战士，而自己却患得患失，甚至还不安心当客运服务员，这与雷锋的差距太大了。杨怀远越想越觉得很惭愧。他在认真学习雷锋精神之后，才真正明白要树立全心全意为人民服务的世界观，就要像雷锋那样，把自己"有限的生命投入到无限的为人民服务之中去"。从此，杨怀远下定了一个决心：按雷锋的人生路子走，努力做一名雷锋式的客运服务员。

1963 年 4 月 19 日，杨怀远郑重地在日记中写道：

雷锋同志，我要好好学习你，向你看齐！

一、学习你忠实于党，忠实于社会主义事业的无产阶级立场。

二、学习你自觉地服从祖国的需要，以人民利益为重，做一个永不生锈的螺丝钉，全心全意地为人民服务的精神。

三、学习你关心同志、助人为乐、毫不利己、专门利人的共产主义风格。

四、学习你坚忍不拔、勇于克服困难的意志和克勤克俭、艰苦朴素的作风。

五、学习你坚持又红又专的方向，下苦功夫，努力学习毛主席著作，刻苦钻研业务技术，出色地完成工作任务。

榜样的力量是无穷的。

杨怀远的大量为人民服务的事迹，都是在他向雷锋同志学习后产生的。杨怀远后来感慨地说："在漫长的人生旅途中，往往会有一些关系一生的重大转折。我的重大人生转折，就是学雷锋，它决定了我大半辈子的人生。"

杨怀远学雷锋有三点很突出：

一是通过学雷锋，加深了对党和毛主席的感情，加深了对新中国的热爱，加深了献身祖国、服务人民的热情。崭新的社会主义制度的建立，使人与人之间的关系发生了根本的改变，在新制度下，人与人之间是平

△ 杨怀远青年时的照片

等的、同志式的、友爱互助的关系。雷锋精神就是在这样的社会背景下产生的。雷锋的日记中有很多对这种人与人之间新型关系的歌颂，对社会主义制度的歌颂，对党和毛主席的歌颂，这些都给杨怀远很大的精神教育，使杨怀远看到了雷锋同志把毛主席的"为人民服务"活化了，学雷锋，见行动，就是对党和毛主席的最大忠诚、最好报答。

因此，杨怀远自1963年以来，在学习《毛泽东选集》之外，又加了一本雷锋同志的日记。

二是立足岗位学雷锋。杨怀远深深地认识到，雷锋的可贵感人之处，不是说了一些闪光的话语，而是把自己的思想认真而持久地贯彻在自己的行为之中。他从农村，到工厂，到部队，在他走过的每个地方，凡是对国家、对集体、对人民有益的事情，他都自觉自愿地去做。他辛辛苦苦地积肥送肥，是为了支援人民公社发展生产。他用自己的被子去盖被雨淋的水泥，是为了保护国家财产不受损失。他路过建筑工地，情不自禁地参加义务劳动，觉得为社会主义大厦添砖加瓦，是义不容辞的责任。他急公好义，助人为乐，处处关心别人，为大家做有益的事，把全心全意为人民服务看做是新中国公民，首先是共产党员应尽的义务。

学雷锋，贵在见行动，杨怀远也行动起来了。

1963年3月，刚当上民主5号轮服务员不久的杨怀远，正在收拾客房，一个巨浪，把海水从舷窗灌进来，打湿了一位旅客的绸棉被。杨怀远见状，马上歉意地向旅客说："我把被子拿到烘衣间给你烘干吧。"

杨怀远把绸棉被放在蒸汽管上烤，刚开始时，棉被上立即腾起了一阵阵热气。当他在外面转了圈，走进烘衣间一看，被子已经干了，他很高兴，就用手去取被子，只听见"嘶——"的一声，绸被面被粘在蒸汽管上，扯了一个大洞。杨怀远连声叫"糟了，糟了"，匆忙向领导汇报，又急忙到自己房里，拿了几块钱，对那位旅客说"实在对不起，我把你的被面烤坏了，赔你钱吧！"那位旅客知道他是新服务员，就摇摇头说："不要紧，这被子还能用。"不肯收杨怀远的钱。事后，领导上也没有批评他，只是要他接受教训。杨怀远又来到烘热的蒸汽管前，看了又看，用手一摸，烫得差点儿起泡。这才恍然大悟，原来蒸汽管温度太高，丝绸的东西哪能经得住这样的高温，就是烘棉衣，也要掌握好时间呀。

"吃一堑，长一智"，自那以后，杨怀远为旅客烘过几十次衣服，再没有烘坏过。有时遇到好料子的衣服，为了保险起见，他还用自己的旧衣服套在旅客的衣服外面，要坏宁可先坏自己的衣服。

杨怀远为小旅客洗了多少尿布，谁也没有统计过。当他把洗净、烘干、折好的尿布送还给小旅客的妈妈时，见到一张张满意的面孔，自己心里有说不出的愉快。

杨怀远当时才20多岁，一个男青年，当他拿起又脏又臭的尿布去洗的时候，他想到的不是个人的脏不脏，他笑笑说："尿布堆在床铺下，影响大家的卫生。小孩裹着湿尿布，也有碍健康。只要大家干净，我一个人脏点、累点，也是心甘情愿的。"据统计，1963年到1966年，杨怀远为带孩子的旅客洗尿布有一千多块。

还有一件发生在1964年12月2日，杨怀远利用公休假回安徽庐江一路上的故事。

杨怀远很早听说长江民主轮是条先进船，打算利用这次公休回乡，乘机取经。上船后，杨怀远就参加了他们的服务工作，如冲开水、拖地板、扫地、开客饭、收碗、打扫餐厅、帮助他们扶老携幼等。有的同志问他是谁，他笑笑说："我同你们一样，是个服务员。"

　　12月3日，从芜湖下船时，杨怀远见一位女旅客带了两个小孩，行李拿不动，就用小扁担给她挑到芜湖候船室。

　　12月4日，在裕溪口上火车到合肥，杨怀远有一个座位，途中又让给了一位年纪大的旅客，自己帮助列车员打扫车厢。下火车后，杨怀远从合肥乘长途汽车回庐江。在汽车上，他又一次把座位让给了一位老人，自己足足站了四个多小时，傍晚才到庐江县城。

　　晚上住宿庐江旅社，刚歇下来，他拿了脸盆，去打洗脸水，走到水缸边，见水缸空空的。这时传来孩子"哇——，哇——"的哭声，还听见一位妇女在叱骂。杨怀远走过去，那位妇女是店里的服务员，带着两个孩子值夜班，客人一多，忙得照顾不到孩子了。她看见杨怀远拿着空脸盆向自己走来，就迎了上去，不好意思地说："孩子爸爸在别处工作，两个孩子都缠着我，真够忙的。同志，你等等，我马上去打水。"杨怀远忙说："不急，不急，你照顾孩子吧，我去挑水。"说着，跑到天井里，挑起一副大水桶就往外走。他挑了一担又一担，一口气挑了四担，把一只大水缸，灌得满满的。当他看到其他旅客都用上了水，心里有说不出的高兴。

　　杨怀远有一首《坚持岗位学雷锋》的歌谣：

　　　　坚持岗位学雷锋，顶着困难朝前冲。

　　　　天天主动做好事，任尔东南西北风。

杨怀远在 1964 年 12 月 3 日的日记中写道:"学习了《为人民服务》后,使我知道了不论做什么工作,不论在什么地方,在什么时候,只要是对人民有利的事,都要大做特做。"

三是做学雷锋的宣传员。一花独放不是春,万紫千红春满园。杨怀远十分重视做毛泽东思想、雷锋精神的宣传员。他从 1963 年以来,一套《毛泽东选集》和一本《雷锋日记》,不知学习了多少遍。他自己还多次拿钱买毛选,无偿提供给大家学习。他写的学习笔记有几十本。同时还写了大量的歌谣。为了活跃船上旅客的单调生活,杨怀远不失时机地发挥自己的特长,动手编写快板、顺口溜。他在客舱里,常常摇起一串钥匙,唱起自己编的顺口溜,宣传党的方针政策,宣传好人好事,宣传新道德新风尚,既丰富和活跃了乘客的旅途生活,又向旅客进行了宣传教育。

在海上旅行,旅客晕船是常见的事。杨怀远见旅客晕船不舒服,自己心里也很难过。他想,用什么办法来减轻旅客晕船呢?他到药房买"晕海宁",但效果也不太好。杨怀远又向医生请教,医生也没有说出什么秘方。杨怀远整天琢磨这件事,他仔细观察旅客晕船的现象,发现旅客白天比晚上晕得厉害,大人比小孩晕得厉害。为什么会这样呢?他又联系自己的体验,感到晕船除了身体不适应海上生活之外,很重要的一个原因是与心理紧张、害怕晕船有关系。于是,他就尝试着从提高旅客战胜海浪的勇气和分散旅客对海浪的注意力入手,来减轻旅客晕船的程度。他便着手编成快板、顺口溜。大家晕船时,杨怀远却不晕船,有的旅客就问杨怀远:"同志,你一天忙到晚,看你也不晕船,你是用什么办法治的?"杨怀远说:"我是用毛主席思想治的。今天我也晕船,但越晕得厉害,越要坚持,坚持就是胜利,你们看我不是很好吗?"大家听了杨怀远的话,觉得很有道理。于是,每当旅客快要晕船时,他就摇起一串钥匙当做竹板,一边有节奏地摇打着,一边在船舱里走来走去,大声唱道:

　　　　毛主席的话像钟响,

句句说得我心里亮。
教导我立场更坚定，
教导我意志更坚强，
教导我工作更有劲，
教导我胸怀更开朗，
教导我困难更不怕，
教导我浑身是力量。
为客服务在客舱，
战胜海浪在海洋。

海浪！海浪！
哪怕你有天高，
我总在你的头上，
你高我高，你长我长。
我们有毛泽东思想武装，
任何困难都不能阻挡。
干劲一鼓！
你再高再大也要把路让。

　　杨怀远这样一唱，大家乐得合不拢嘴，都说："这服务员同志真有办法，真把服务工作做活了。"

　　杨怀远学雷锋的诗也写得好：
坚持学雷锋，贵在行动中。
不做河岸柳，愿做苍山松。
天天做好事，心中乐无穷。
服务为人民，人生最光荣。

　　而一首《我为雷锋做广告》更道出了杨怀远宣传雷锋精

神的心声：

雷锋伟大又崇高，神州大地众皆晓，

我以雷锋为榜样，奋力追求不动摇，

四十年来从未淡，坚持为民重担挑，

重在岗位学和做，不理讥讽和干扰，

参加七次报告团，学习雷锋作介绍，

最高讲到怀仁堂，最多一场万人超，

先后到过十六省，各大港口多次到，

海陆空航客运站，党政机关和院校，

共讲场数一千多，是从青年讲到老，

退休之后仍不停，对着毒功猛开炮，

人民需要扁担情，我为雷锋做广告。

杨怀远在这首诗的下面还作了小注：

我一直有这样一个愿望，不仅要做一个好的服务员，还要做一名雷锋精神的红色宣传员，无论在船上或退休以后都从未停止过宣传雷锋精神……

➡ "小扁担"的由来

★★★★★

说起杨怀远，不能不说他那有名的"小扁担"。关于"小扁担"的话题还得从杨怀远在民主 5 号轮上当服务员说起。

据杨怀远《为人民服务到白头》回忆：

当时，我工作的民主5号轮定班跑上海、青岛航线，旅客中老大爷、老大娘及带小孩的妇女特别多。他们大都是胶东各县解放战争时南下部队指战员的父母和家属，带着大包小包到南方探亲的。每次船到港时，总有一些老人和带孩子的妇女站在一大堆行李面前发愁。有的说："我还要赶乘汽车，这可怎么办啊？"有的说："我儿子来接我，在码头外不好进来，做做好事帮我拿拿吧！"本来船到港时，我都是在下面忙着打扫客房，以便早点下班。学了雷锋后，我想到这些为搬运行李而苦恼的旅客。如果是雷锋，他肯定不会看着这种情况不管。于是我宁愿晚下班，先把打扫客房等清洁工作放一放，等为这些困难的旅客搬好行李后再来打扫卫生。开始时我用肩扛手提，但这样一次只能拿几件行李，帮了这位老人，那位老人又在叫。我想到从部队转业时带来一条小扁担，于是我便用它来挑，这样一次可以挑四五件行李，帮好几位旅客下船出港。有时需要帮助的旅客多，挑一担还满足不了需要，我就挑两担、三担。有的旅客要急赶车，我便帮助挑到车站，直到要帮助的旅客都送走后，我才回船打扫客房。我虽然下班时间晚了很多，但却为旅客解决了大问题。就这样，用小扁担为旅客挑行李便成了我的一项重要服务项目。

说起这根小扁担，还有一段故事哩！

1958年，杨怀远在福建前线部队当炊事班长，领了这条扁担。他用这条扁担，为战友挑水送饭，为人民公社挑水抗旱，也挑石子修海堤。1960年杨怀远退役时，舍不得丢下它，请求组织上批准他"带走小扁担，当做传家宝"。1963年，他当上民主5号轮服务员以后，看到老弱旅客行动不便，就找出了这条保存很好的小扁担。他在1963年4月3日的日记中写道：

我的小扁担是1958年9月在福建前线炊事班工作时，司务长给我的。我用它担菜、送饭，帮助农民秋收，给战友担行李，给国家修海堤；公休回家，在途中，用它给同路的旅客挑过行李。我一直把它带在身边，十分爱护它。这条小扁担，在我的身边已整整五年了。我要把它用在为人民服务上，为旅客方便而用。我要好好学习雷锋同志为人民服务的精神。我要叫小扁担和我一道为人民服务。

杨怀远与这条小扁担还真有感情。扁担小，作用大，你瞧，一根小扁担，加上两条背包带，一下就可担上几十斤、上百斤，几个人的东西扎在一起，一次就解决问题。

有一次，船到青岛，天突然下起雨来，旅客冒着雨下船，甲板上人影匆匆。

一位老大娘和一位怀抱婴儿的妇女，却坐在船舱里不动身子。杨怀远马上走过去，关切地问："大娘，大嫂，你们有什么困难吗？"她们焦急地说："同志，我们要赶车，下着雨，又带着行李，这可怎么办呢？"杨怀远拍拍身边的小扁担说："不用担心，有我的小扁担，保你们赶上车。"说着，杨怀远拿来了一把伞给大嫂撑着，又向别人借件雨衣给大娘披上，把她俩几件行李，捆作一担，小扁担一挑，一手搀扶着老大娘消失在茫茫的人流中。等到了车站，放下行李，又帮着她们买车票。这时，杨怀远的身上已经湿透了。当他安排停当，正要提起扁担往回走时，老大娘把他一把拉住，说："同志，你叫什么名字？留个地址给我，好叫我儿子写信谢你。"杨怀远见状，没有说出自己真实名字，只是说："大娘，我叫服务员。"老大娘见他不肯说名字，又从怀里掏出四元钱，往杨怀远手里塞，说："那就买包烟抽吧。"杨怀远急了，说："大娘！这是我应该做的，如果要钱我就不给你挑了。"老大娘又要去买苹果，也被杨怀远谢绝了。老大娘拉着杨怀远的手，激动地说："真是毛主席教导出来的好同志！"

回到船上，杨怀远的心情久久不能平静。他想想自己12岁给人家当小长工，每天挑上百斤的担子，数九寒天，光着脚下河挑水，两只脚冻得又红又肿，扁担压得肩膀都起了血泡，可是在地主眼里，还是一个牛马不如的人。今天，我们成了国家的主人，我为人民做了这么一点小事，人民给了我这么大的荣誉。杨怀远越想越仇恨旧社会，越想越热爱新社会。正因为有这样的爱和恨，杨怀远觉得小扁担尽管越挑越重，而内心却越挑越感到光荣。他为自己订的服务原则是：

　　　　宁愿自己多辛苦，不使旅客一时难；
　　　　宁愿自己多麻烦，不使旅客不方便；
　　　　宁愿自己多流汗，不使旅客有困难。

　　杨怀远的小扁担，给旅客留下了深刻的印象。人们提起杨怀远，就会很自然地联想到他的小扁担。

　　杨怀远也以歌谣的形式，诉说着自己为旅客挑扁担的心情：

—

　　　　小小扁担不算长，能为旅客当桥梁。
　　　　春夏秋冬四季转，冒雨斗寒踏冰霜。
　　　　蹬阶下梯钻涵洞，涉水越轨穿货场。
　　　　扁担未断肩不歇，人民欢迎我舒畅。

二

　　　　行包系两头，扁担颤悠悠。
　　　　能挑千斤重，不挑九百九。
　　　　挑了千斤重，还要再加油。
　　　　为客送方便，哪怕汗水流。

　　杨怀远从 1963 年到 1966 年，一共送走了有困难的旅客 800 多人，为旅客挑行李 700 多件。

杨怀远与"小扁担"的美名从此在旅客中传播开去。而这，仅仅是"小扁担"故事的开始……

⊙ 崇高的荣誉

★★★★★

在学习毛主席著作、学雷锋的大潮中，杨怀远进步很快，他不仅思想觉悟大大提高，而且利用"小扁担"等特色服务，主动服务，付出了大量汗水，做了大量感人的好事。组织上也给予杨怀远很高的荣誉。

1963 年和 1965 年，杨怀远两次被评为上海市"五好"职工。1964 年 4 月 20 日，出席了上海市"五好"职工表彰大会，受到了周恩来总理的接见，杨怀远激动不已。1965 年到 1966 年 5 月，杨怀远又被评为全国交通战线和上海市学习毛主席著作标兵，参加了交通部组织的学习毛主席著作事迹报告团，到全国 12 个省市 19 个港口，向广大交通战线职工和交通部所属大专院校师生汇报学习毛主席著作的体会，交通部政治部宣传部还编写出版了《杨怀远是怎样活学活用毛主席著作的》单行本，由人民交通出版社出版，印了 64 万册。上海人民出版社和上海文化出版社也分别出版了《在斗争中学在斗争中用》《海上红色服务员——杨怀远活学活用毛主席著作的故事》小册子,介绍了杨怀远的先进事迹。1966 年 4 月 10 日,《解放日报》和《文汇报》同时以整版篇幅刊登了《学一辈子毛主席著作,为人民服务一辈子——杨怀远日记摘抄》。

1966 年国庆节,是杨怀远终身难忘的一个国庆节。他作为上海市国庆观礼代表团成员于 9 月 28 日到达北京。9 月 29 日,周总理亲自招待观礼团代表,通知说毛主席请代表到中南海做客,因此,大家又住到了中南海。在这里,杨怀远见到了一起来参加观礼团的王进喜、时传祥、陈永贵、郝建秀、张秉贵等全国著名劳动模范,还有董存瑞、黄继光、刘胡兰、王杰、欧阳海等英烈的亲属。9 月 30 日晚,出席了周总理在人民大会堂召开的大会和周总理在国务院第一会议室召开的全国部分工农兵国庆观礼代表座谈会。回到中南海的住处,已是凌晨三点多了。杨怀远因心情非常激动,难以入眠,此时,从门外亮处进来两个人,起初杨怀远并未看清那个人是谁,只见前面的那位进门后停下来躬身为一位代表盖好被子,又朝杨怀远这边走来,这时,杨怀远看清了,是敬爱的周总理为代表们查铺来了。杨怀远连忙爬起来,但还未站直,总理急步跨过来,用双手按下杨怀远的双肩,小声说:"睡下,睡下。"还问杨怀远冷不冷。接着又蹲下身子用手把被子往上拉一拉,又继续向前查铺去了。总理走后,代表们都醒了,他们知道总理深夜过来给大家查铺盖被子,都激动得热泪盈眶。

10 月 1 日上午,更是杨怀远终生难忘的时刻。

8 时 30 分,毛主席在周总理等党和国家领导人陪同下来到了天安门城楼。杨怀远离毛主席站的位置仅十几米远,他清楚地看到毛主席不停地向人群招手致意。整个观礼活动进行了三个多小时。当活动结束时,毛主席让代表们先走,当杨怀远从毛主席身边走过时,他激动得流下了热泪,情不自禁地高呼:"毛主席万岁! 毛主席万岁! "此时,杨怀远真的感觉到自己是世界上最幸福的人了。

回到中南海的住处，杨怀远在日记本上写了以下几行文字：

天安门啊天安门，

台阶共有六十四。

毛主席啊脚步稳，

跟着毛主席往上登，

海枯石烂不变心。

回来以后，杨怀远一直抑制不住激动的心情，又写下一首《孤儿扑进慈母怀》的诗：

1966年10月1日，党和国家领导人接见全国劳模和工农兵代表，上午登上天安门，毛主席跟我们招手，晚上和王进喜等住在中南海，周总理给我们盖被子。旧社会的小叫花，新社会得此殊荣，我激动得热泪湿枕……

鸟入森林龙归海，

激情滚滚好澎湃；

朝上天安门，

夜宿中南海，

毛主席接见，

周总理盖被。

杨怀远呀杨怀远，

孤儿扑进慈母怀。

杨怀远以工农兵国庆观礼代表身份在天安门城楼上见到了毛主席，这对于一位普通的客运服务员来说，实在是莫大的荣誉！杨怀远受到了巨大的精神鼓舞，他决心在今后的岁月里，以此为动力，更好地服务群众，奉献自己所有的光和热。

46年后，当我问杨怀远"您一生中最高兴的事是什么？"他毫不犹豫地回答："见到毛主席，从毛主席身边走过是我最激动的时刻！"

然而，一场政治运动使杨怀远的梦想在一夜之间化为泡影。

追求理想

→ 动乱年代

★★★★★

1966 年 5 月至 8 月，正当我国国民经济的调整基本完成，国家开始执行第三个五年计划的时候，一场长达十年、给党和人民造成严重灾难的文化大革命爆发了。

1967 年 1 月初，在张春桥、姚文元策划下，上海市的造反派组织夺取了上海市的党政领导大权，到 1 月下旬，很快发展成"打倒一切"的全面内乱。

杨怀远也走入了人生最大的低谷，他受到了无休止的批判。

1966 年，杨怀远已经被提升为船舶副政委。但主要还是做客运服务工作。正当杨怀远从北京回来准备大干一场时，文化大革命爆发了。红卫兵串联到民主 5 号轮，杨怀远被批为走资派培养的黑标兵。

1967 年 1 月，《工学运动》第三期连续刊登《戳穿杨怀远"毛选"学习"标兵"的画皮》和《杨怀远的灵魂深处》两篇关于杨怀远的文章，捏造了杨怀远丧失立场、背离党性、奉承迎合、虚伪庸俗等诸多不实之词，全面矮化、丑化了杨怀远的"标兵"形象，认为杨怀远对批判、造反持消极态度，不是一个"毛选"学习的标兵，而是一个势利的个人主义庸人。

赞扬声在一夜之间变成了打倒声，而且来得这样快，这么猛！

接着，杨怀远受到了多次批斗，红卫兵张贴标语和散发传单，一篇篇批判文章接踵而至，说杨怀远不分阶级，不看对象，对劳动人民"热情关怀"，对资产阶级也"关心备至"，还描述了杨怀远在 4 个钟头时间里，为一位小姐服务了 23 次；说杨怀远的顺口溜，有许多也是不很健康的，如"你们骂我神经病、十三点，外加死得远一点"；甚至把杨怀远给旅客服务的小扁担也折断了几根，还恶狠狠地说："什么扁担，还在放毒！"杨怀远伤心地哭了。

但是，也有很多旅客给杨怀远以热情的鼓励。杨怀远只认一个理，给旅客多做好事，方便旅客、服务旅客没有错！旅客需要我的"小扁担"！他下定决心，不管遇到多大困难和压力，一定要坚持学雷锋，坚持为旅客服务不动摇。

扁担坏了，他就用肩扛，时间长了，又感觉肩扛实在不方便，他就想方设法去买扁担。好不容易在十六铺一家竹器店花了 9 角 8 分钱买了一根竹扛子，回到船上后，用刀劈为两半，做了两条小扁担。杨怀远在一条扁担上写了"为人民服务"五个字，放在船上用；另一条放在岳母家备用。不久，船上写着"为人民服务"的那条扁担又被造反派没收了。杨怀远的女朋友佘秀英非常支持杨怀远的工作，他见杨怀远写的"为人民服务"的小扁担没收了，很是气愤，就用水彩笔在另一根小扁担上写了"将革命进行到底"七个字，鼓励杨怀远继续把"小扁担"挑下去。造反派见到这条小扁担，就用毛笔把"将革命进行到底"七个字涂掉，在上面写了"十三点"三个大字。杨怀远也顾不得那么多，就用这条写着"十三点"的扁担，继续为旅客挑行李。后来发展到不准杨怀远接触旅客，进行勒令检查，杨怀远更难受了，但他还是见缝插针，一有机会，坚持为旅客担扁担。

斗争仍在进行中……

杨怀远又一次被造反派批斗了，说他是死不改悔的黑标兵。随后，将杨怀远从甲板调到机舱去值生火班。杨怀远又利用自己休息时间去给有困难的旅客挑行李！这样造反派也没奈何了。

杨怀远在他的日记中写道：

> 坚持挑扁担，送客出港站。
>
> 阻挠千百重，我自有办法。
>
> 旅客在我心，压顶不弯腰。

乌云遮不住太阳——

上个世纪 70 年代初，杨怀远被"解放"了，还担任船舶政委，并作为基层代表参加局党委的五人核心领导小组。但不管所处地位怎样变化，杨怀远就认准一条，努力学雷锋，为人民服务不会有错。在船上，他仍坚持为旅客挑扁担。

1972 年春，杨怀远被调离民主 5 号轮，到工交五七干校学习，三个月回来后调到了工农兵 3 号轮。这条船本来有政委，杨怀远主动要求带着政委职务到各个客轮顶服务员的班，他还要求值最辛苦的大夜班，下大夜班后，去给旅客挑行李，弄得排班的人不好意思。

杨怀远在上海至宁波的班线帮助老弱病残旅客挑行李的事，一传十，十传百，不久便被很多人知道了。有的老人乘船前还专门打听杨怀远在不在船上，如果在的话，就要多买些宁波土特产带到上海，请杨怀远代劳。有的小朋友放暑假，家长是双职工，单位工作离不开，便找杨怀远帮忙把小孩带到宁波。他们说："把孩子交给你，我们放心。"就这样，杨怀远的服务内容又增加了一项托运小孩的任务。仅 1973 年一年，杨怀远就先后捎带孩子 41 名，其中最大的 11 岁，最小的只有 4 岁。

1975 年 4 月，杨怀远被调到长征轮任政委。这条船开上海、大连航线。杨怀远虽然任船上政委，但仍然坚持为困难旅客挑行李。这样过了一段时间后，一些同志给他提出批评意见，有的说：难道不挑扁担就不是为人民服务了吗？当政委挑扁担，像什么样子？政委挑扁担，是不务正业！……

杨怀远听了这些话，心里不好受。但他不管这些，他想：十几年来，我学雷锋，努力为旅客排忧解难，使我同旅客结下了很深厚的感情，如果我看旅客有困难，不去帮助他们，我心里是很难过的。况且我虽是一名客轮政委，仍然还是为人民服务的勤务员，我以身作则带头为旅客服务，错在哪儿呢？又怎么能叫不务正业呢？什么又叫正业呢？因此，杨怀远不管别人怎么说，他仍旧坚持用小扁担为旅客挑行李。他在长征轮担任政委期间，先后挑断了两根扁担。

十年动乱结束后，人们都在重新认识自己，找到自己合适的位置，杨怀远对自己的大起大落也有了清醒的认识，他觉得自己也有缺点和不足，但最令他感到欣慰的是：不管在什么条件下，不管外面的压力有多大，自己的处境多么恶劣，他始终坚持学雷锋，为旅客挑小扁担没有动摇过，没有歇息过。他自己琢磨：在船上当政委、当主任、当科长都不太适合自己，还是当一名服务员最能发挥自己特长！

三辞政委

★ ★ ★ ★ ★

1979 年初，杨怀远三次向组织要求辞去政委职务，要当服务员。这样的事在别人看来真是闻所未闻。

有人惋惜地说：杨怀远真傻，好端端政委不当，要当服务员，工资少了很多，连老婆孩子也跟着吃亏；有人不明真相，猜测杨怀远一定是犯了错误了，政委当不下去才改做服务员的；一些亲友知道杨怀远辞去政委后，也都替他惋惜；甚至有少数人怪而笑之……杨怀远却说：

"它使我实现了梦寐以求的最大愿望，为我能名正言顺地集中精力为旅客排忧解难，让我在客运服务这个大海洋中飞跃创造了最重要的条件。"

"为人民服务不在地位，就在永远的'小扁担'精神。"

"我要把人生最好的时光献给党。"

铮铮的誓言，表达了一位老党员的高尚情怀。

1978 年初开始，杨怀远先后到跑上海—大连航线的长山轮和长锦轮带着政委职务做客运服务工作。当时，由于粉碎"四人帮"不久，客轮上的服务质量普遍不太好，所以旅客对服务员能主动帮助他们解决一些旅途中的困难都特别感激。

杨怀远记得，他一个多月前帮助过一位78岁的老大爷，将他带的两大包土特产挑出站，然后又挑上汽车，一直把老大爷送到火车站，帮他买好到鞍山的火车票，一直把老大爷送到火车上。一个月后，还有人专门乘长锦轮，来当面感谢杨怀远。

杨怀远还记得，有一次，他用小扁担帮助一位七十多岁的老大爷把行李挑出站时，这位老大爷的儿子一再要付钱感谢杨怀远，被杨怀远谢绝后，这位小伙感慨地说：现在这样的好人好事多年不见了，文化大革命前，青岛航线上有个叫杨怀远的服务员，也是用扁担为旅客服务，不知他现在怎样。那位小伙并不知道眼前的这位服务员就是杨怀远。

这些看来是平常小事，但对杨怀远触动很大，他决心要当一辈子客运服务员。他觉得为旅客排忧解难，就是自己最大的幸福！最大的快慰！最大的享受！他一到客轮上，浑身就有使不完的劲。

然而，带着政委身份去参加服务，总觉得不自在，同事们也都不好意思。杨怀远也感到纳闷：难道当了政委，就不能再为旅客挑行李了吗？难道当了干部，就不能用小扁担为人民服务了吗？干部的"正业"到底是干什么？杨怀远又想，要是把"政委"两个字去掉，当一名普普通通的客轮服务员，那有多好！他把这个想法和同事们说了，大伙儿都不太理解，爱人佘秀英开始也不大赞成。她主要是为杨怀远名誉考虑，她考虑他政委不当了，别人会不会说他是犯错误下台的；两个儿子也不同意，说服务员哪有政委光彩；一些同事好友也劝道：政委工资每月400多元，服务员每月只有150多元，每月要少拿 250 多元钱，这损失也太大了。还有，政委属干部编制，服务员属工人编制，两者差距不在小处。

杨怀远也陷入深深的思想斗争之中……

杨怀远又仔细分析了一下，爱人、儿子、亲友同事都是为我好，但他们考虑的主要还是职位高低、收入多少，杨怀远觉得，一个人要有追求，要想如何才能更大地发挥自己的特长，去为社会做些事情，这样，才能更好地服务人民，服务社会，自己最愿意做，也最开心，名利可以看得淡一些。

经过激烈的思想斗争，杨怀远终于想通了。

1979 年初，杨怀远在爱人佘秀英的支持下，正式给上海轮船局党委写了份要求辞去政委当客运服务员的报告。当时局党委书记张建会不久就找杨怀远谈了一次话，要杨怀远慎重考虑这件事。

过了一段时间以后，杨怀远又去局里向领导口头申请，要求当服务员，可领导还是没有批准。领导们也有顾虑，认为无缘无故地叫杨怀远下去做服务员，符不符合党的干部政策？社会层面该有个说法？干部群众中会产生怎样的反响？

又过了一段时间，杨怀远又写了一份要求辞去政委的书面报告。当时交通部部长彭德清正好来上海，杨怀远通过工作人员将这封信转呈上去。

经过杨怀远多次努力争取，上海轮船局党委于 1980 年 5 月 4 日，正式批准了杨怀远辞去政委的申请报告，实现了杨怀远做一名普通客运服务员的愿望。

杨怀远当即写了这样一首小诗：

　　一心为客我让贤，喜今又成服务员，

　　三次报告情真切，多年愿望已实现，

　　上白下蓝佩红牌，乐在眉梢喜在怀，

▷ 甘当人民服务员的杨怀远

　　紧步雷锋后尘走，弃官复卒下舱来，

　　旅客困难记心间，乐为他们排忧难，

　　愿当人民老长工，平凡工作我最爱。

　　杨怀远在这首诗下还作了小注：

　　1980 年 5 月 4 日，局组织处孙桢祥副处长代表组织向我宣布，我曾三次报告请求组织免去我船舶政委职务，依然当一名服务员的报告已被批准。多年愿望终于实现，我情不自禁。

　　从此，杨怀远可以甩开膀子在为旅客服务这个海洋中大显身手，充分发挥"小扁担"的作用了。

　　当杨怀远穿上一套崭新的上白下蓝的服务员工作服时，他情不自禁在日记本上又写下了这样一首顺口溜：

　　一根扁担寄深情，上白下蓝佩红牌；

　　一路春风暖人心，乐在眉头喜在怀；

一腔热血献给党，当个客运服务员；

一片丹心为人民，能官能民真正好；

天下万物何所求，只求为人民服务到白头。

杨怀远辞去政委当客运服务员的事，当时在社会上产生了热议，《文汇报》《解放军报》等媒体都作了深入报道。当时也有一些人不理解，说杨怀远太傻了。

但——

杨怀远觉得这是他人生旅途中的一次最重要的选择。

学无止境

杨怀远诗歌选

上海海运局工会编

→ 《讲点服务学》

　　杨怀远辞去政委后，组织上安排他先后到长绣、长河、长力、长更和长锦号轮，为青年服务员做了一段时间传、帮、带工作。

　　不久，杨怀远被正式调到长山轮。这是杨怀远辞去政委当服务员的第一条船。当时，船上的客运部领导对安排他的工作还有点不大好意思呢。杨怀远说："我现在是普通服务员了，你就像对待其他服务员一样，对我不要有任何一点特殊。"

　　1981年3月，组织上把杨怀远从长山轮调到了长柳轮。这条轮跑上海—青岛航线。

　　杨怀远喜欢这条轮。

　　当时正是党的十一届三中全会以后不久，杨怀远时年44岁，正是年富力强的年纪。他决心甩开膀子为旅客服务，痛痛快快大干一场。他向组织要求，把工作量最大、工作环境最差的前五舱承包下来，杨怀远在那里为如何提高服务质量，种起了自己的"试验田"。

　　他在思考和钻研着如何提高服务质量，如何学习和掌握一套为旅客服务的系统学问，如何做到让旅客更满意。他在探索着……

在一般人看来，客运服务员工作，无非扫、倒、拖、揩、端、送、洗、刷……只要腿快、脚勤、嘴巴甜就行。其实不然，这是做人的工作。客运服务员是出头露面、接触人最多的一项社会服务工作。因此，心理学、社会学、语言学等等必须要学习。杨怀远又买了一些心理学的书籍，开始啃起来，他在学习了《普通心理学》《大众心理学》《儿童心理学》之后，初步总结出"亲、勤、和、迎、访、送"的服务经验。他不断从实践到理论，再从理论到实践，逐步摸索出一套语言服务学和心理服务学，摸索出一套客运服务的规律和做法。从1981年到1988年，七年的艰辛努力，杨怀远刻苦钻研了心理学、社会学，掌握航海、地理、气象、民俗、医药、烹饪、哑语等相关知识，成了一名"全能服务员"。他不断总结经验，把客运服务作为一门科学，运用他那独具特色的生动语言，归纳、概括了许多反映服务规律的经验，写出了17万字的《讲点服务学》。

《讲点服务学》的主要内容是：

作为旅客的服务员，要做好优质服务，必须先要做到以下十点：

一要方向明；

二要有诚心；

三要勤奋学；

四要感情深；

五要干劲大；

六要突出"亲"；

七要不怕脏；

八要跑得勤；

九要不嫌烦；

十要高标准。

以上"十要"是做客运服务员应具备的基本素质，也是客运服务员职业道德和客运服务员自身形象应有的基本内涵。还必须要有一个良好的外表形象，还要讲究语言艺术。具体讲：

一要讲好文明用语；

二要讲好关心体贴用语；

三要讲好欢迎用语；

四要讲好称呼用语；

五要讲好回答问讯用语；

六要讲好祝贺和道别用语；

七要讲好逗乐用语；

八要讲好地方用语。

旅客一上船，就要注意从以下七个方面来观察分析旅客：

一看年龄体质，分出重点照顾对象；

二听举止口音，判断生活习惯；

三看服装打扮，分辨旅客身份；

四看携带物品，判断旅行目的；

五看同行旅伴，判断旅客关系；

六看精神状态，判断旅客喜怒哀乐；

七看活动情况，判断旅客生活爱好。

通过观察和分析，旅客大体由因公出差、旅游观光、探亲访友、长途贩运等四部分人组成。按照旅客的心理需求，把旅客分成 48 种旅客和 36 个层次。

通过多观察，细思考，听口音，看外表，了解旅客的实际需要。杨怀远认为旅客一般有八种需求：

求安全、求顺利、求平稳、求适宜、求安静、求方便、求干净、求尊重。

在旅客上船、睡觉、就餐、饮水、蒸煮、储存、修理、娱乐、洗烤、办公、下船等 11 种活动环节上，往往会发生 39 种困难，容易在 22 种场合发生争执。

在服务的工作中，应注意掌握八个环节：

一是旅客上船时，要热情欢迎；

二是送开水要及时；

三是主动向旅客问寒问暖；

四要帮助旅客解决困难；

五要为旅客洗尿布；

六要注意言、行、表；

七是为旅客捎带小孩；

八是为旅客挑小扁担。

常言道："在家千日好，出门一时难。"根据多年观察，杨怀远认为旅客主要有 15 种带有共性的担心心理：

1. 早到欢喜迟到愁；2. 没浪高兴有浪忧；

3. 出门最怕遇灾祸；4. 老人就怕无人管；

5. 出差最怕皮包丢；6. 赶车就怕时间紧；

7. 上下客就怕雨淋头；8. 晚到就怕住宿难；

9. 中转就怕票难买；10. 途中就怕患疾病；

11. 初次出门怕迷路；12. 孕妇就怕途中产；

13. 有钱就怕遇小偷；14. 旅客就怕连天雨；

15. 需求就怕说没有。

根据旅客的心理活动规律，杨怀远又概括归纳出 10 种满足旅客心理需求服务的规律：

1. 满足旅客求快上船心理的服务；

2. 满足旅客求平安无事心理的服务；

3. 满足旅客求喝得上茶水用得上冷热水心理的服务；

4. 满足旅客求吃得上可口饭菜心理的服务；

5. 满足旅客求干净卫生心理的服务；

6. 满足旅客求休息好心理的服务；

7. 满足旅客求帮助提供方便心理的服务；

8. 满足旅客求旅途生活丰富多彩心理的服务；

9. 满足旅客求尊重心理的服务；

10. 鼓励旅客战胜晕船痛苦心理的服务。

在对旅客服务的过程中，应抓住四个不放过：

一是对旅客热情机会不放过；

二是为旅客送茶水机会不放过；

三是向旅客问寒问暖机会不放过；

四是为旅客做好事的机会不放过。

在客运服务中，要注意容易发生客我双方矛盾的 26 种情况，而在处理这些矛盾的时候，必须坚持三个原则：

一是客运服务员必须坚持主观上要严格要求自己的原则；

二是客运服务必须坚持得理让人的原则；

三是客运服务员必须坚持先客后我、先外后内的原则。

此外，一个客运服务员只做好客运服务工作是不够的，还必须做好客舱管理工作。管理的目的是更好地为旅客服务，要更好地为旅客服务，就必须要搞好客舱管理。从这个意义讲，管理也是服务。搞好客舱管理，主要应注意以下几方面：

第一要搞好客舱设备管理；

第二要搞好客舱秩序管理；

第三要搞好旅客安全管理；

第四要搞好客舱治安管理；

第五要搞好客舱清洁卫生管理；

第六要搞好客运服务员自身管理。

杨怀远通过多年的工作经验总结，在上海海运局宣传处和海运局工会的帮助支持下，编辑出版了17万字的《讲点服务学》一书。该书由上海人民出版社出版发行，并作为上海地区振兴中华读书活动推荐书目。

杨怀远在长柳轮上，从44岁干到51岁，一本厚厚的《讲点服务学》，是杨怀远在全心全意为旅客服务的同时，总结自己的工作经验和体会而得出来的一个重要成果。原交通部部长黄镇东称其为"开创了深入研究探讨海上客运服务学的先河"。

杨怀远的服务学写得好，然而，他的"特色服务"更是绝活多多。

→ 特色服务

★★★★★

杨怀远从1981年3月跑长柳轮，先跑上海至青岛航线，1983年长柳轮又跑上海至广州（申穗）线。1991年又跑申港线海兴轮。由于服务对象不同，对服务就有了新的特点和要求。就申穗线来说，这条航线一是航程长，有912海里，在国内沿海是最长的；二是情况复杂，要通过台湾海峡，加上广州是经济特区；三是对长期工作在北方航线的船员来说，人地生疏，特别是听不懂广东话，要学的东西真是不少。尤其是海兴轮，这是一条设备比较豪华的大型客轮，乘坐的旅客大都是港、澳、台来大陆探亲的同胞和国际友人，船上的设备好，对服务的要求也很高。面对新的工作环境和工作要求，杨怀远也在不断探索，不断摸索，不断总结，在掌握一般服务的前提下，搞好特色服务。他向老一辈服务员学习，向周耀宗、包起帆、程德旺等劳模学习，拜桑钟培、张雪梅、赵本昌为师，向人民群众和社会学习，为了学外语还经常向儿子讨教。

为旅客挑小扁担，是杨怀远的传统服务项目，也是杨怀远为旅客排忧解难的代表项目。提到杨怀远，自然就想到小扁担；提到小扁担，自然也就想到杨怀远。杨怀远很庆幸，他的小扁担从1962年一直挑到退休也未中断，小扁担从大陆挑到香港，极受广大旅客欢迎。除此之外，他从上世纪80年代初开始，逐步创造了母子板、婴儿吊篮、硬床板、方便台、方便桌、方便凳，以及帮助旅客小修小补的便客箱，为旅客排忧解难发挥了很好的作用，现在有的已经推广至沿海许多客轮。

杨怀远有一个便民箱，有的称为方便箱、便客箱，还有的记者称为"百宝箱"，里面备有120多种物品，随时准备在为旅客服务中派上用场。"百宝箱"中除小扁担外，还有小榔头、钳子、螺丝刀、塑料盆、奶瓶、针线、墨水、香皂、肥皂、草纸、信封、橡皮筋、老花镜、背篓、晕海宁、白糖、蜂蜜、饼干、扑克牌、象棋等等，还有拐杖、棉大衣、雨伞、雨鞋等等，还有从家里带来的锅，是专门用来为旅客蒸煮食物的，叫方便锅。在他的"百宝箱"中，总放着二十多元钱和若干全国流通粮票，是专门为帮助少数旅客解燃眉之急用的。

为了添置补充"百宝箱"内的物品，杨怀远想到用拾垃圾卖点零钱来补贴。有人说堂堂劳模竟拾垃圾卖。杨怀远说，拾垃圾卖有三个好处：

一是不往海里倒，不污染；二是将垃圾回收给国家当原料，变废为宝；三是换点钱回来，为旅客做更多的好事。

为解决旅客的睡觉难问题，杨怀远发明了特殊设备——母子板。

一次，他在五等舱看到一位妇女带着两个免票的儿童，母子三人睡一张床，十分拥挤。杨怀远看在眼里急在心上，他找来一块长木板，请木匠师傅帮助在木板两头装上三角铁和铁钩子，挂在床铺旁边，把两尺宽的床扩大到两尺半，这样，大人小孩都可以休息好了。旅客都夸这个办法好，给它起了个名字叫"母子板"。杨怀远在看电影《孟垅沙》时，看到一个小孩睡在吊床上，荡悠荡悠的，他就在船上两层铺中间，也吊了一个婴儿吊篮，给孩子睡。这样母亲也可照应孩子，效果很好。为了防止睡上铺的青少年旅客睡觉时翻滚，他又设计了安全挡板，同母子板、婴儿吊篮组成旅客睡觉系列服务设备。为了解决腰骨病痛旅客不能睡软床问题，他又做了两块像床一样大小的木板，遇到需要睡木板床的旅客，杨怀远便拿出来放在床上，把软床变成了硬床，深受腰腿病痛患者的欢迎。

一些知识分子上船，总有看书、查资料、写材料的习惯，因为五等舱中又没有桌子和椅子，杨怀远就专门做了两只小办公桌和方便柜，需要时往床边一架就可使用。这些小设备深受广大知识分子欢迎。

杨怀远对他的这些小发明很有感情，分别给它们写了朗朗上口的歌谣：

方便箱

小小方便箱，备件百多样；
为客排急难，天天派用场；
修鞋修拉链，去污缝衣裳；
婴儿饿得哭，有奶又有糖；
旅客都说好，喜称"百宝箱"。

母子板

母子板，挂床边，床铺加宽增方便；
既能坐，又能睡，放放脚，搁搁腿；
旅途疲劳随风去，母子睡得香又甜。

小吊床

小小吊篮睡婴儿，母亲篮边轻轻摇；
儿在篮内乖乖睡，母亲睹儿眯眯笑。
婴儿尿布我来洗，母吃饭菜我送好；
重点服务要做细，处处为客想周到。

婴儿床

小小帆布床，吊在床铺上。
娃娃睡得好，妈妈睡得香。

方便台

小小方便台，床边架起来；
可以放茶水，可以放饭菜。
能够放糖果，能打扑克牌；
旅客争着要，我难巧安排。

围绕旅客上轮后喝水、用水的心理需求，杨怀远摸索总结出了"送六水"的服务方法：

一是送茶水；

二是送洗脸刷牙水；

三是送漱口水；

四是送降温水；

五是送洗脚水；

六是送香水。

开展"送六水"活动，不仅满足了旅客的需求，而且增加了服务员同旅客的接触机会，增加了与旅客之间的情感交流。

杨怀远还不失时机地通过学习，掌握了福建、宁波、广东及山东等地地方方言，他也会一些常用的英语口语，有时还能唱几句顺口溜、快板书，讲点笑话，把客轮的气氛搞得很活跃，大大增加了旅客服务的满意度。

▷ 杨怀远使用的方便箱

➡ 日记歌谣

★★★★★

　　客轮服务员的生活是比较单调的。杨怀远倒有一个很好的习惯，他除了旅客、小扁担、方便箱外，日记本便是他最好的伴侣。社会上发生什么事情，思想上有些什么想法，工作上碰到什么问题，总是用日记的形式把它记下来。杨怀远的日记，记录了他生活中的酸甜苦辣，也记录了他的人生轨迹。

　　其实，杨怀远的文化程度并不高，他克服的困难超乎常人。

　　杨怀远自幼没有进过学堂门，1956 年入伍后，第二年在部队里才扫了盲，但文化水平仍然很低，也仅能写写书信。他在上世纪 60 年代学习毛主席著作时，主要也是靠自学的。一是查字典学习，二是向旅客学习，三是向儿子学习。通过刻苦的自修，杨怀远的文化水平有了很大提高，他能写出很有思想性的日记，在当时的《文汇报》和《解放军报》等整版刊登。他编的顺口溜也很能打动人，尤其是杨怀远的语言表达艺术，他的快板表演，每次总赢得乘客的欢迎和赞誉。

　　有关方面注意到了杨怀远的文艺特长。

1965 年，杨怀远应中宣部之邀，出席了中国作家协会和中国文联在北京举行的第一次全国青年业余文学创作积极分子代表大会，和胡万春等一大批工人作家一起参加了这个历史性的盛会，受到了周恩来总理、朱德委员长等党和国家领导人的接见。这对杨怀远也是个巨大的精神鼓励。

　　1973 年春天，杨怀远被调离民主 5 号轮，到工交五七干校学习三个月，进一步提高了文化水平。

　　几十年来，他写了近百万字的日记，这需要何等的毅力！他用独具特色的生动语言，归纳、整理、概括了很多为旅客服务的宝贵经验，这些朴实无华的语言，贴近生活，贴近群众，有一种打动人心的力量。

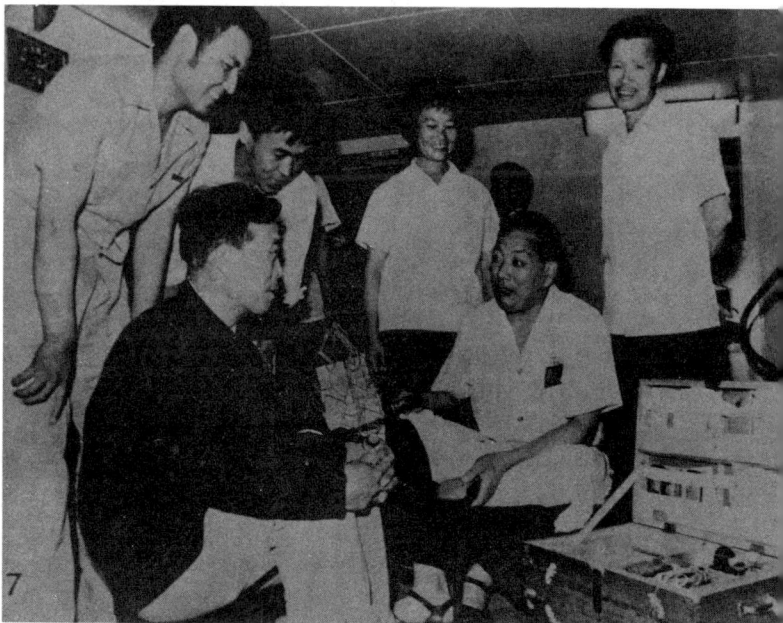

▷ 杨怀远正在使用"百宝箱"为旅客服务

杨怀远说：我们每个客运服务员都应该立足客运服务岗位，把汗水洒在大海上，把温暖送到社会上，做一个社会主义精神文明建设的"模特"。

杨怀远的日记主要集中在上世纪60年代和80、90年代。在此摘抄一些：

今天上午，我穿上了上白下黑的服务员工作服，我发现胸部左上襟绣着"为人民服务"五个大红字。我想到，这五个字是毛主席提出来的，为人民服务是非常光荣的。我多么高兴啊！我一定听毛主席的话，好好为旅客服务。

1962年12月31日

幸福从工作中来。只有把工作做好，才是我真正的幸福。

1963年3月23日

时间抓紧一点，休息时少玩一点，工作做快一点，脑子里常想一点，碰到老师傅多请教一点，见到旅客多问一点，乘在轮渡上也把过黄浦江七分钟利用上，随身带书，见缝插针，有空就学。这样就可以挤很多时间学很多的文章。

1964年5月27日

能为人民多做点事，出点力，我感到无上光荣。为人民服务，不只是要在自己的单位工作好，只要对劳动人民有利的事，不管在什么地方，都有义务去做。

1964年11月31日

我曾在1962年到1972年服务于航行在中青客运航线民主5号轮。那时我以雷锋为榜样，用我从部队带来的小扁担不知为老弱旅客赶火车挑过多少次行李，穿桥洞，登火车站的上下台阶，每次都是气喘吁吁，汗流浃背，但那却是我感到最幸福、时时都在回忆向往的时期。现在我终于又回来了，又可以甩开膀子为旅客服务做好事了，这是多么有意义啊! 我真热爱客运服务工作，是人民给了我无穷的力量。我要进一步提高对客运服务工作重要性的认识，增强对旅客的感情，努力掌握客运服务工作的规律，针对旅客的心理特点和生活需求做好服务工作。

1981 年 7 月 7 日

为适应申穗航线服务需要下苦功学英语

这次在广州，我花了 205 元买了一只收录机，这对我可是一大笔支出，但很值。我买收录机，不是为了听音乐，也不是为了赶时髦、讲排场，而是用它学习英语。因为我感到在申穗航线，一定会有很多外宾乘船，不会讲点英语，肯定会影响服务质量的。

……

1983 年 12 月 5 日

向家乡人民汇报

我的故乡安徽省交通厅多次向交通部提出，希望让我回乡向交通系统的职工谈谈我为旅客服务的体会，经交通部和海运局领导的同意，终于成行。从 1 月 22 日到 25 日，先后在合肥汇报三场，在庐江、巢湖、蚌埠各汇报一场。各地领导及广大职工对我非常热情，使我受到非常深刻的教育。特别是在生我养我的庐江县，我汇报的会场在当地最大的戏院里，我汇报了三个小时，听讲的乡亲越来越多，会场挤得满满的，当我汇报结束走下讲台时，许多乡亲把我团团围住，舍不得跟我分手，我被感动得不禁热泪盈眶。我是大海中的一滴水，这一滴水是从我们庐江山上流下来的，我是庐江人民的儿子，今天我能为党做一点事情，也是庐江人民养育的结果，我要感谢家乡的父老兄弟姐妹，永不忘他们的恩情。

1986 年 1 月 15 日

我是爱客迷

我有一个非常突出的职业习惯，就是爱旅客，特别是爱旅客中的老人和小孩。我感到在自己的生活中离开旅客就好像掉了魂似的。一到客舱便浑身是劲，生命和生活都充满活力。上次公司安排我公休几天，便感到极大不习惯，像把我锁在一个大铁笼子一样，难受极了。这一年多来，由于社会上刮起的一切向钱看和资产阶级自由化歪风造成的压力，弄得我很苦恼，但一到旅客中间就愁消忧散。旅客不仅是我的良师益友，而且是为我消愁解闷的灵丹妙药。如果让我离开我热爱的客运服务事业，我就会感到我的存在就没有意义和价值了。因此，我从心里感到为旅客服务其乐无穷，是天下最有意义的行业。我已有700多天公休假没有休了，但我现在还不想休，我要在我身体还有劲时，尽量多为旅客做好事，永远做一个爱客迷，使爱客成为我毕生的事业核心，一直做到我做不动了，或者做到九泉之下后，再来公休。

1989 年 7 月 25 日

我完成在海兴轮最后一航次的服务任务

按照公司的计划，海兴轮这航次到上海后就要停航等待处理。在这最后一航次，大家的心情都有说不出的难受，担心以后的去向。对我来说还有一层考虑，就是这航次到上海正好是毛主席号召学雷锋的日子。33 年来，我响应毛主席的号召，以雷锋为榜样，为旅客排忧解难做好事，挑了 30 多年扁担。不知以后还有没有机会为旅客服务，继续挑小扁担？因此，我要抓住在海兴轮最后一航次的机会，为旅客做更多的好事，挑更多的行李。

在香港上客时，我即为旅客挑了 33 担行李。到上海前，我在早上 4 点半钟即起床把旅客的托运行李挑到甲板，一共挑了 56 担。上下客加起来共挑了 89 担，这是近几月来我为旅客挑行李最多的一个航次。

......

1996 年 3 月 5 日

把背旅客上下船当做一项特殊服务项目

这航次在上海上客时，客运站的同志用轮椅将一位老人推到舷梯前，客运主任派了几位年轻的男服务员下去连抱带扶，费了很大劲总算把老人弄到船上，送到他买的 35 号房间 6 号床上。这更加使我感到，对不能走路的特困旅客上下船用担架抬不能转弯，用轮椅抬太重且窄的楼梯很难通过，所以还是用背的办法最稳妥。但怎么背下身瘫痪的旅客很有讲究。因此，最近我有意识地向青年服务员示范背旅客的方法。对这位老人我在到香港前特别进行了访问，他今年 67 岁，家住香港，这次是到无锡探亲回来。他中风已两年多了，右腿完全失去知觉，一点也不能动，虽有一位亲戚陪伴，但因也是 60 多岁的老人，且还是女的，根本帮不了忙。我根据老人瘫痪情况设计了背法。在船到香港下客时，我先用一条毛巾将老人不能动的右腿扎牢，然后一背而起，很顺利地就将老人背过一道道楼梯和跳板，安全地将他送到了小船。客运主任开始还不放心，在旁边扶着我走。后来看到我干净利索地将老人从大船背到小船，也就放心了，说还是这个办法好。我想，我多示范几次，让年轻服务员看看我是怎样背不能走路的旅客上下船的，往后他们自己就会背了，就可把此作为一项特殊的服务项目保持下去。

1996 年 8 月 10 日

……

早在上世纪 60 年代杨怀远就说："我是一个服务员。但，为人民服务的服务员，又应该同时是人民的宣传员。"用文艺形式向人民群众宣传，也成为杨怀远为人民服务的一种手段。他动手编顺口溜、快板，到客舱中去演唱。四十多年来，杨怀远共编写了近万首诗歌、顺口溜，这些歌谣，有的是抒情明志的，有的是反映如何做好客运服务的，有的是记录学习、生活的。这些歌谣是杨怀远在克服自己文化水平低、工作任务重的条件下，是在轮船风浪里晃出来的，字里行间流露出他的真实情感。

杨怀远的诗歌、顺口溜的才情主要源于他故乡的土壤。我们细细分析杨怀远的顺口溜，其实就是很有特色的民歌。而杨怀远的家乡——庐江，也是巢湖民歌传唱的重要地区。

杨怀远自幼不识字，但他肯学、肯钻，据杨怀远哥哥杨怀如、姐姐杨怀珍回忆：杨怀远很小时候就能唱，会拉二胡。逢时过节，人家唱门歌，我们就在后面学，人家唱一遍，杨怀远一学就会。他还会山歌、秧歌、灯歌、水车号子等等，说顺口溜，头头是道。杨怀如、杨怀珍至今说到二弟杨怀远的聪明劲儿，总是眉飞色舞，印象深刻。老战友夏日玉说杨怀远的顺口溜很有水平。

是啊，杨怀远的家乡庐江在巢湖之滨，这里自然环境优美，民风淳朴，文化底蕴深厚，是《孔雀东南飞》的故乡，又是三国名将周瑜故里，周瑜雅善音乐，时人谣曰"曲有误，周郎顾"，更是巢湖民歌的主要传唱地区。巢湖民歌的歌词语言朴素生动，口语化、生活化，富有浓郁的地方特色。人们踏歌而行，劳作不止，形成了悠久而灿烂的音乐文学。人们"望风采柳"，音哑不绝。所谓"望风采柳"，就是人们在劳动、生活过程中，见什么就唱什么，无拘无束，即兴而出，张口就唱，内容丰富，浅显易懂，容易普及。在田间，在山头，在水边，到处都能听到民间的音乐，到处都能听到巢湖民歌。

歌抒情，诗言志。杨怀远的诗歌、顺口溜创作深受家乡地域文化影响，他的很多作品，仔细分析，就是民歌，这些作品是杨怀远在生活中有感而发，是杨怀远的真情流露，也是他生命的一部分。正如上海民间文艺家协会副主席吴祖德在《杨怀远歌谣选》后面的跋文中说："民歌是大众的文化，像杨怀远作品那样具有正确社会价值观念、道德标准的，具昂然向上精神文化内涵的，和人类主客体都具有和谐亲和力的民歌，必然永远是我们这个社会的主流文化。我们希望能更多地收集整理到这样的民间文化作品，来极大地丰富我们的社会文化生活。"

下面是一组杨怀远创作的几首歌谣：

抢挑千斤担

人民老黄牛，为客解忧愁。
能挑千斤担，不挑九百九。
挑了千斤担，还要加把油。

宁愿自己多辛苦

宁愿自己多辛苦，不使旅客一时难；
宁愿自己多麻烦，不使旅客不方便；
宁愿自己多流汗，不使旅客有困难。

服务口诀

进房间，面带笑，
细观察，多思考，
听口音，看外表，
送温暖，问需要，
话贴心，讲礼貌，
勤分析，想周到，
怎服务，要灵巧。

摇篮歌

小小摇篮轻又巧，
口哼儿歌轻轻摇，
大海呀，莫吵闹，
浪花呀，别蹦跳，
风儿笛儿不要叫，
让我宝宝睡好觉。

永做人民老黄牛

问我一生何所求？
只求奉献到白头，
不向钱看向客看，
永做人民老黄牛，
到了白头不停留。

扁担颂

扁担长，扁担硬，

挑在肩，为人民，

送温暖，传友情。

小扁担，邦邦硬，

不怕折，不变形，

不沾污，不染尘，

拗不变，击不损，

上下船，不离身，

助老弱，送外宾，

赶火车，脚不停，

肩上重，脚步轻，

客人喜，我开心。

小老师

爷爷文化低，常写错别字，

天字写成无，和字写成私，

小小一点差，大大变意思，

孙女帮助改，做我小老师。

长工见总理

1964 年 4 月，我被评为上海市五好职工。4 月 20 日参加市五好职工代表大会，周恩来总理到会致辞，这是我第一次站在周总理的面前，离他这么近，让我喜出望外。

今天特别喜，

喜得无法比。

问我为什么，

见到周总理。

和他面对面,
看得最仔细。
长工见总理,
永远记心里。

人间大爱

杨怀远除了做旅客的"小扁担"，他还是"万能保姆"。他一直坚持在条件最差的五等舱里工作，为孩子洗尿布，为病人洗疮口，为老人挑行李，为妇女背孩子，被旅客称为"老人的拐杖"、"孩子的保姆"、"病人的护士"、"聋子的耳朵"、"哑巴的嘴巴"、"瞎子的眼睛"……旅客丢了钱包，他就自己掏钱无偿支援；旅客没有拐杖和雨伞，他就自己买拐杖和雨伞赠送。38 年来，他买过 300 多根拐杖，500 多把雨伞送给乘客。他给婴儿洗尿布是常有的事，甚至二十多年前为这个婴儿洗了尿布，二十多年后，这婴儿做了妈妈，又带着自己的孩子来乘船，又碰到了杨怀远，他又为孩子洗了尿布。他的服务感动了几代人。他用自己辛劳的汗水、质朴的情感、无私的奉献，谱写了人间大爱。

➔ 老人的拐杖

★★★★★

　　杨怀远对如何做一名优秀的客运服务员，有自己的理解。他觉得要做好客运服务员工作，首先要有爱客情怀。

　　　为客情深志不移，爱客使我入了迷；
　　　想客常在梦中思，待客如亲亲难比。
　　这首顺口溜真实地抒发了杨怀远对旅客的情感。也只有有了这种感情，才能真正做好服务工作。杨怀远在生病的时候，也时时想着旅客。1998 年 4 月，杨怀远在轮船上服务了 38 年，第一次进了海员医院，他人在曹营心在汉，身在病房，心在客房，写下了这样一首小诗：

> 人在医院想海洋，身在病房想客房，
>
> 不想海景有多美，就想客中老大娘。

是啊，在 38 年的客轮服务员生涯中，杨怀远服务最多的是年老体弱的老大娘、老大爷，他从上世纪 60 年代就给老人送拐杖，而且自己常年背老人上下船，被旅客们称为"老人的拐杖"。还是来看看下面的事例吧：

1963 年 7 月 4 日，杨怀远感觉身体不适，可一见到旅客有困难，他又全身来劲了。早晨五点半，船靠青岛港，三等舱有一位七十多岁的老大娘，脚疼不能走，杨怀远就把老大娘背下船。下船后，还送两位旅客到汽车站，代他们买好票，一切将他们安排好以后，才返回客轮。

1985 年 10 月底，杨怀远用毛巾系在一位 86 岁老太太的小腿上，背着她，一手拉着毛巾，另一只手扶着舷梯，安安稳稳地把老太太送下船。老太太说："我 60 多岁时，是你挑着行李，送我下船的。今年我 86 岁了，又是你背我下船。你们对旅客真亲啊！"事后，老人家给杨怀远写了表扬信。

1994 年 1 月 8 日，海兴轮由上海开往香港，一位 84 岁的张老太，行走不便，上船时，是由几个服务员用轮椅把她抬上船的。船到香港，旅客要从抛锚在维多利亚港湾的大船上顺着舷梯下到渡船，由于是抛锚系浮筒，下客时舷梯摇摇晃晃，这对 84 岁的张老太来说，实在太困难了。杨怀远在征得客运组长的同意后，主动要求背张老太下船。船到香港后，杨怀远背起张老太，另外又有两位服务员在前后保驾，顺着摇摇晃晃的舷梯，终于把张老太安全地背上轮渡。当时有的同志担心，说杨怀远已经 58 岁了，手还发抖，背人可不是挑扁担，万一出了问题可不得了。杨

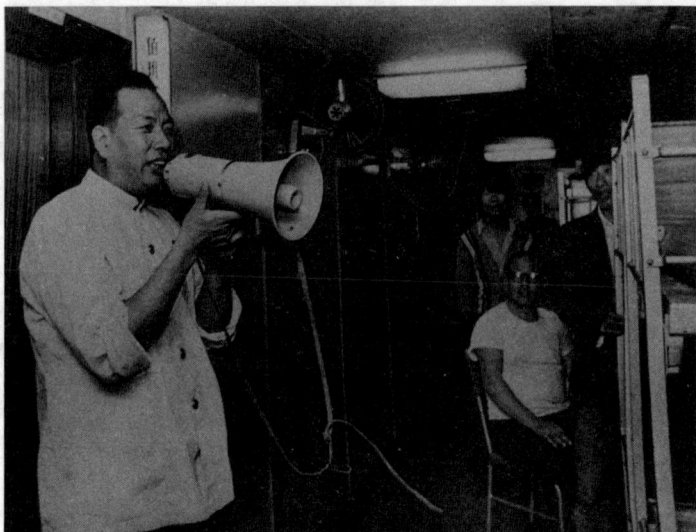

△ 杨怀远在客轮上拿起话筒热情地为旅客服务

怀远没有考虑那么多，他想到只要为旅客排忧解难，自己担再大的风险也是值得的。

同样是在维多利亚港湾，杨怀远于 1994 年 5 月 27 日，又将两位七八十岁的老太太背下船。

1994 年 9 月 24 日，杨怀远第七次将一位 50 多岁的男残疾旅客背下船。这位旅客叫刘成惠，因中风多年，半身瘫痪，一条腿完全失去知觉。他体重 160 多磅，没有人背无法上下船。他每次买海兴轮的船票，就是想得到杨怀远的帮助。

杨怀远把背旅客上下船作为自己的一项特殊服务项目，他在 1996 年 8 月 10 日，又给 67 岁的中风瘫痪老人背下船，他先用一条毛巾将老人不能动的右腿扎牢，然后一背而起，很顺利地就将老人背过一道道舷梯和跳板，安全地将他送到了小船。而此时的杨怀远，已经是 60 岁的老人了。

据初步统计，仅 1989 年一年时间，杨怀远一共送老弱病残旅客 586 人次，挑行李 897 件，为旅客排忧解难做好事

1300 多件，给老人送拐杖和帮助旅客修修补补 190 多
人次。

1990 年 1 月至 10 月 21 日，杨怀远又为 443 名旅客
送行，共挑行李 588 件，为旅客修鞋 384 人次，修拉链
425 人次，为老年旅客送拐杖 24 根，其他排忧解难 140
多人次。

……

→ 孩子的保姆

★★★★★

杨怀远在轮船上常常看到一些妇女旅客带孩子多，
行动不方便。如果遇到风浪天，困难就更多了。有时妈
妈晕船，难以顾及孩子，尿布也没办法洗了。杨怀远看
到这里，总是帮助她们洗尿布。有的小孩妈妈见杨怀远
是个男同志，说什么也不让他洗，杨怀远当场不与她们
争，等她们睡着了，就悄悄把尿布拿走，洗好后再送给
她们。有个别人说："男同志洗尿布像个啥？"杨怀远听
了心里也不好受。但杨怀远想：尿布又脏又臭，塞在床
底下，影响卫生，又有碍其他乘客的健康，如果不在船
上洗，乘客到火车上、汽车上更不便清洗，孩子没有尿
布换，也影响健康。帮助她们洗干净，应该是件好事，

应该坚持做下去。据统计，杨怀远自 1963 年到 1965 年，主动为带孩子的旅客洗尿布有 1000 多块！有时杨怀远把尿布洗干净、烘干，送到旅客手中，她们还不知道，以为杨怀远在变魔术呢！

1987 年 3 月 26 日，船从青岛开往上海，一位年轻的妇女抱着一个六七个月大的婴儿特地从四等舱到五等舱来看望杨怀远。原来，这位年轻妇女姓杨，今年 25 岁，家住上海。她说，她母亲不止一次地说，1963 年她刚满八个月，父母带着她乘船到青岛看大伯，海上遇到大风浪，爸爸妈妈都晕船躺在床上动不了，是杨怀远帮她洗尿布，还把她背着抱着一直照顾到青岛。她爸爸妈妈一再叮嘱，在船上遇到杨怀远要好好谢谢。杨怀远听了她的介绍，也很感动。不知不觉 24 年过去了，当年的婴儿已成了妈妈，也有了孩子。杨怀远见她带了好多尿布没有洗，于是又帮她洗好烘干。她一再表示感谢，杨怀远说："我只能为你们母女两代洗尿布，第三代恐怕是无法完成了。"

捎带儿童旅客也是杨怀远的一项特殊服务内容。

在寒暑假期间，学校和幼儿园都放假了，有些孩子的爸爸妈妈是双职工，孩子放在家里无人看管，要送到家住外地的爷爷奶奶家或外公外婆处，但因工作忙又脱不开身，只好请船上捎带。这些捎带的孩子一般在 4 到 11 岁之间，这个年龄段的孩子好动调皮，捎带有一定的风险，但杨怀远觉得这是大家对服务员的最大信任，我们应该把这项特殊服务做好。

1980 年 7 月 9 日晚上，杨怀远收到上海城隍庙豫园商场晴雨伞商店胡红芬的一封信，说："十年内乱之前，曾在文化广场聆听过你的报告，你全心全意为旅客服务的事迹，使我很受感动。今天有一事，有求于你。我有一个8岁的儿子，想到大连祖母家去度暑假。因为我和爱人都上班，工作较忙，在这困难的时候，我想到了你……"胡红芬儿子叫戴硕。第二天，杨怀远按照与胡红芬的约定，把小戴硕接上船。先给他买了张半票，然后为安全起见，杨怀远把好动的小戴硕送到最底层的五等舱里，请三位大旅客看着他，不要让他往甲板上跑，以防万一。一路上，小戴硕玩得很开心。吃饭时，杨怀远帮他弄饭吃；看电影时，杨怀远给他买票；到了晚上，就让小戴硕睡在自己的床上。到大连的头天晚上，杨怀远给他洗了澡，换了新衣服。第二天，船到大连，杨怀远将小戴硕平安地送到他祖父、祖母手上。当他祖父、祖母看见自己的孩子穿着一身新衣服，欢呼蹦跳跑到他们跟前时，都喜得合不拢嘴，连声道谢。暑假快结束了，杨怀远又到大连老人家那里，把小戴硕平安捎回上海。杨怀远在跑宁波航线的一年里，就捎带了40多个孩子，没有出过一点儿差错。在船上，有时遇到孩子不正常，杨怀远就及时请医务室的医生来诊断治疗。有时孩子喂奶遇到问题，杨怀远也千方百计想办法解决。

一次，一位妇女带着两个月左右的小婴儿乘船，母亲没乳汁，全靠奶瓶喂奶，由于风浪大，奶瓶从桌上掉地上打碎了。这可把母亲急坏了，这大海上哪里弄到奶瓶呢？孩子饿了，在那里哇哇大哭，只好用羹汤喂。但孩子太小，很难喂进去。

杨怀远见此情景，船到上海后，马上到商店，买了两只奶瓶，放在船上备用。

不久，旅客穆广英怀抱出生才40天的婴儿回山东，因乳汁不足，孩子没奶吃，一直哭闹。杨怀远发现这一情况后，就先冲一大杯奶给孩子母亲，后又将奶瓶消毒后冲给孩子吃。孩子吃饱了，也就安稳入睡了。

为了更好地为婴幼儿旅客服务，杨怀远又把家里用的白糖拿到船上，又买了一些奶粉、橘子水、蜂蜜等，很好地解决了小孩子们的特殊需求。

有的孩子母亲，在困难出乎意料地得到解决后，感谢不尽，有的流下感动的热泪。

→ 病人的护士

★★★★★

上海的医疗条件比较好，因此旅客中常常有一些是从外地到上海治疗的病人。这类旅客也是杨怀远重点服务对象。他不怕脏不怕累，不仅背病号上下船，而且还给不能自理的病号擦身、洗衣服、喂药、喂饭、倒屎倒尿等等。

1979年的夏天，在长锦号轮五等舱里，躺着一位鞍山钢铁厂的工人，40多岁，脖子上生了一个碗口大的肿瘤，已经化脓溃烂，散发出腥臭的气味。附近的旅客都走开了，剩下他一个人孤苦伶仃地躺在那里。杨怀远走到他跟前，主动把他的脏衣服脱下，又用自己带的香皂，把他全身上下擦洗清爽。然后又给他换了一套干净的衣服。随后，杨怀远又把他的脏衣服洗了，又按时给他送开水，一天三餐饭都帮他买好送到床边，他感动得流下了热泪。船到大连，杨怀远挑起了他的40多斤草药，扶他下船，又雇了一辆三轮车，送他到火车站，代他买好票，把他交给铁路局的列车员。临分手时，他流着泪对杨怀远说：

"你真是个大好人，我永远也不会忘记你对我的帮助。"

杨怀远为病员旅客服务的事迹，被写到 1988 年上海市全日制小学四年级思想品德课本第二课里。在长柳轮的 8 年中，杨怀远照顾这样的病员旅客就有 30 多人。

在客轮上，往往会遇到孕妇旅客临产的意外情况。

1974 年，怀着身孕的上海百货站的陈玉兰，带着 2 岁儿子乘船，在船上生下了小女婴。母女平安，产妇硬要他给孩子起名字，当时，正值红日东升，大海朝霞满天，于是，杨怀远给这个小女婴起名叫"海霞"。到岸后，杨怀远和另外服务员把她抬上汽车。1986 年，海霞乘长柳轮前往青岛，她已经 13 岁了。陈玉兰经常向她讲在船上出生的故事，并教育孩子："长大了，要像杨伯伯那样努力工作。"现在，她们母子还经常到杨怀远家做客呢! 杨怀远还写了一首《喜迎小海霞》，以记其事：

> 红红太阳当空挂，照耀东海一路花，
> 白浪低头迎远客，欢迎嘉宾小海霞。
> 十二年前一佳事，孕妇海上生娃娃，
> 旭日东升显奇彩，我给起名叫海霞。
> 转眼一晃十二载，我变苍老她长大，
> 今日乘船海上行，喜得老杨眉开花。

作为一名客运服务员，时时刻刻关注每一位旅客的身体状况，发现异常，随时帮助排忧解难。

1984 年 9 月 10 日，一位 30 多岁的北京女旅客，上船后说肚子胀，好几天大便不通，医生给她好几种药吃仍无效,烦躁不安。有的旅客建议："吃点蜂蜜就好了。"杨怀远听到后，马上将方便箱里准备好的一瓶蜂蜜给她。她上午和中午吃了两次，结果下午大便就通畅了，肚子也不胀了。她很感激地说；"幸亏你想得周到，给了我蜂蜜……"她一再要给杨怀远钱，杨怀远婉言谢绝了。

对一些腰腿痛的病员旅客，杨怀远也是千方百计想办法，做好特殊服务。

1981年9月8日，上海化工学院的一位40来岁的讲师，十年浩劫时在五七干校劳动，得了严重的背脊骨疼痛病，连走路都要拄拐杖，多方治疗效果也不好，这次是专门到青岛去疗养的。他上船后很想弄一个硬板床睡，要不这腰如睡软床，到青岛恐怕就下不了船了。这下可给杨怀远出了道难题，这船上都是钢丝床，到哪去弄硬板床呢！杨怀远急中生智，找来两根木棍横在钢丝床上，然后将备用的4块"母子板"放在上面，这样，一个简易的硬床便组合成了。这位旅客躺上后很满意。船到青岛后，杨怀远又帮助他挑行李，送他下船，他一再表示感谢，杨怀远看着自己的点子解决了病员的痛苦，心里也很高兴。打那以后，杨怀远就特别按硬板床的要求准备了几十块木板放在值班室里，以后遇到这样的旅客如法炮制。这一招不知减轻了多少腰痛病患者的痛苦。

杨怀远在客轮上，常常遇到中风残疾甚至瘫痪的病人，这时，他总是背他们下船上岸，有时还一直背送他们上汽车。

1994年6月12日，杨怀远背着一位91岁香港老太太下船。

1994年12月10日，杨怀远又背着一位63岁，因中风卧床四年多的180多斤的连老伯下船。

……

→ 聋子的耳朵

☆☆☆☆☆

　　在残疾人旅客中，聋哑旅客不能用语言交流，性格一般比较急躁，特别是青年聋哑旅客更容易发脾气，不愿与人交往，也不愿轻易让步。

　　杨怀远为了做好为这些聋哑残疾旅客的服务工作，他多次到浦东聋哑手工厂求教。他用一支笔、一张纸与聋哑旅客笔谈，并且又耐心用手势跟他们交流。

　　1982年10月10日，一位老大爷先作了自我介绍，然后唠叨起多年前杨怀远为他服务的事。这位老人叫张松斋，已经83岁了。在他63岁退休时，领着两个孙子到山东掖县老家探亲回来，两个孙子才五六岁，加上从家乡带了很多土特产，所以路上很困难。老人说，多亏他的照顾，一天三餐送到他床边，到上海后又帮助他把180多斤的土特产挑下船送出码头，一路上犯愁的事叫他给解决了。老人家今年已83岁了，耳朵有些聋，但对这件二十多年前的事却能记得很清楚。杨怀远让他好好休息，照顾一天三餐，并且用手势与老人家交谈。到上海后，杨怀远又帮他挑着行李送他出码头。老人家的大孙子来接他，当年6岁的孩子已长大成20多岁的小伙子了。老人家拉着他的孙子，叫他喊杨伯伯。老人家回到家后，又亲自写了一封感谢信专程送到船上，一再感谢杨怀远。

⟶ 哑巴的嘴巴

★★★★★

聋哑旅客，要用手势打哑语为他服务，学不会这一招，就很难让聋哑旅客满意。

1964 年 5 月的一天，民主 5 号轮平稳地向青岛驶去。快到青岛港口时，一位哑巴旅客再三要求，在下船前要给杨怀远画张像。这位哑巴为什么要给杨怀远画像呢？

原来——

一年前，有一次轮船驶向长江口，遇到了 8 级大风，很多旅客晕船了。杨怀远见到一位中年男旅客紧皱眉头，看上去像在发呆。他连忙走上去，亲切地问："同志，你身体不舒服吗？"那位旅客摇摇头。杨怀远又问："有什么事情要办吗？"只见那个旅客指指嘴，"依啊依啊"地两只手又急又快地比划着。原来是个哑巴！杨怀远就打起手势，向他问长问短，这位哑巴看到杨怀远能同他打手势"讲话"，乐得他伸出大拇指称赞杨怀远服务得好。旁边的旅客都很惊奇："同志，你怎么会打哑语手势的？"

杨怀远说："有一天，船上也来了一个哑巴旅客，我要为他服务，可就是服务不上，我说话他听不见，他打手势我不懂，我写字给他看，他又不认得字，真是急得我满头是汗，幸亏舱里有个懂哑语的旅客给我当翻译，才解决了问题。自那以后，我就想，如果遇上聋哑旅客就不能服务，还算什么人民服务员！我要为聋哑旅客服务，就得先要学会同他们'讲话'。后来打听到浦东有一家聋哑手工厂，船到上海的时候，我就到工厂去请教……"后来，杨怀远又听说有一家菜馆接待哑巴顾客有经验，杨怀远又去取经。在航行途中碰到有懂哑语手势的旅客，也不失时机去学习。慢慢地杨怀远掌握了不少哑语手势。

　　杨怀远主动地和这位哑巴旅客"讲话"，又知道对方识字，就用笔和他亲切交谈起来。哑巴旅客提出的要求，杨怀远都一一照办了，乐得那位哑巴旅客伸出大拇指到处说杨怀远好。为了感谢杨怀远对他热情周到的服务，哑吧一定要给杨怀远画一张像。只见那位哑巴旅客工夫不大就给杨怀远画了一张像，在画的上端写了"人民的好勤务员"几个大字，还附了一首诗：

　　　　窗外海浪滔滔，
　　　　窗内服务周到；
　　　　服务员好比亲兄弟，
　　　　服务员好比亲姊妹；
　　　　感谢党和毛主席，
　　　　教育出人民的好子弟。

瞎子的眼睛

✦✦✦✦✦

在客运旅客中，常常会遇到盲人旅客，尤其是双目失明的旅客。杨怀远在给盲人旅客服务时，总是抓住盲人旅客在上下船、上厕所、就餐等环节，提供无微不至的关怀，把温暖送到盲人的心坎上。

1981年8月19日，在长柳轮上，杨怀远看到一位双目失明的小姑娘，她叫阮松云，年仅16岁，是从上海到青岛姑妈家，准备到那里上盲人学校。杨怀远得知情况后，将阮松云作为这趟船上的重点服务对象，悉心予以关照。一路上，杨怀远三餐送到床边，每隔四小时扶她上一次厕所。船到青岛后，已是晚上6时多了。杨怀远挑着行李送她出港后，不见有人来接，心里着急。当杨怀远得知阮松云姑妈家住在青岛市阳信路18号时，心想，这么远的路，叫这个双目失明的小姑娘怎么找得到呢？万一出现意外了该咋办？杨怀远二话没说，挑着行李领着阮松云一路走一路问，先后问了二十多人，走了两个多小时，最后终于找到了阳信路18号，把小姑娘平安地交给了她的姑妈。

1985年秋，长柳轮的一位青年服务员见到一位年近八旬、患有严重白内障的旅客。这位青年服务员就问："老爷爷，您眼睛不好，怎么一个人上船？"老人说："有杨怀远在船上，我就放心了。"原来，这位老爷爷曾经坐过长柳轮，体会过杨怀远的好服务。当老爷爷得知杨怀远在北京时，面有难色。青年服务员热情地说："老爷爷，您放心，还有我们呢！"大家把老爷爷扶进舱，送水送饭，船到岸，大家又送他上码头。老爷爷说："下次我还坐长柳轮！"

1995年4月22日，海兴轮上上来一位双目失明的老回头客。他家住在香港北角，因患青光眼失明，每年都要回上海住在他父亲家治眼病。由于经常乘海兴轮，杨怀远给他服务过多次。这次杨怀远进他房间刚一说话，他就听出杨怀远的声音，说去年乘海兴轮是杨怀远送他下船出客运站的，这次还想请杨怀远帮忙服务，杨怀远一口答应。客轮在行驶途中，每天三餐杨怀远都给他送到床边。到上海下客轮时，杨怀远又挑起行李将老人搀扶着出站。这位老年盲人感激不尽，连说下次回来还乘海兴轮。

➡ 情连四海
★★★★★

　　随着国门的打开，台湾同胞、港澳同胞、海外侨胞回来探亲访友的多了，来我国旅游的外宾也越来越多。杨怀远深知，语言是交流感情和提高服务质量的重要工具，要让外宾满意，必须要学会外语。他克服了不少困难，学会了能用简短的礼貌和服务用语和外国游客交流。在平时的服务中，杨怀远主动将这些外宾的脏衣服、臭袜子洗干净，让外宾们干干净净下船，面带笑容而去。几十年来，杨怀远服务的外国旅客有美国人、英国人、德国人、日本人、瑞典人、澳大利亚人、新西兰人……他把外宾同样当做亲人来服务。

　　1984 年 5 月 28 日，在长柳轮上住着三位男外宾和两位女外宾，分别来自法国、澳大利亚、瑞典，他们是自费来中国旅游的。杨怀远看到他们换下来很多脏衣服和脏袜子，又见他们风尘仆仆从西安、重庆、北京、上海等地游玩，很是辛苦，没有时间洗，感到非常不方便。杨怀远便主动把他们的脏衣服都收集起来，用自己带的肥皂粉泡好，共洗了 17 件上下衣和 4 双袜子，并烤干烫平折好后交给他们。这几位外宾很感动，两位女外宾一定要给杨怀远小费，被婉言谢绝后，这五位外宾又将自己的相片、名片送给杨怀远，其中两位还在留言簿上画了花草和小太阳，表示赞美的意思。有一位外宾在留言之后还画了一个人在吹口琴，表达自己的喜悦之情。

1984 年 9 月 10 日，正好是中秋节，轮船上洋溢着一派节日的气氛。

五等舱里住着两位外宾是联邦德国人，男的叫马丁，女的叫苏珊，是一对自费来中国旅游的未婚夫妻。他们从厦门上船后，由于对船上饮食不习惯，已有两顿没有吃了。杨怀远很着急，他想起这航次离开上海时，爱人佘秀英给自己送来四块月饼，让他在船上过中秋节时吃。今晚正好是中秋节，

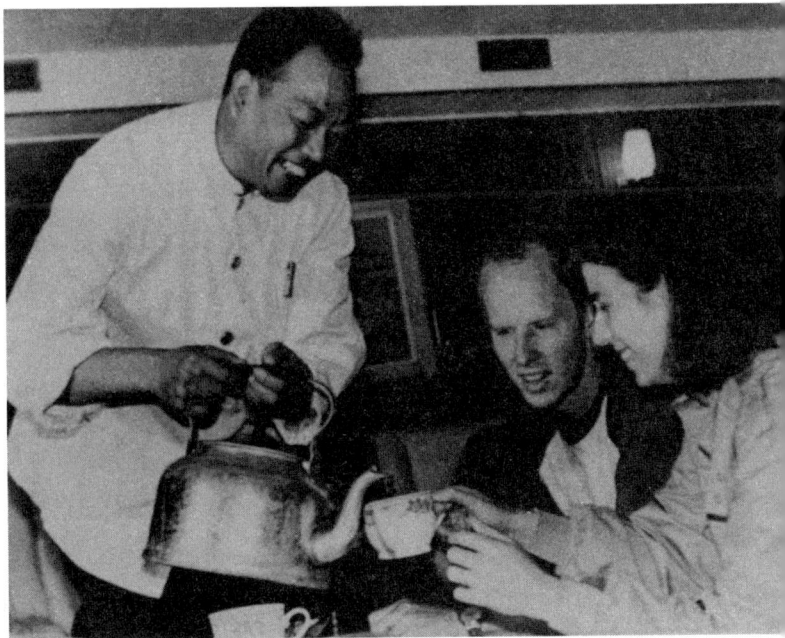

△ 杨怀远用英语为外宾服务

于是杨怀远便将这四块月饼拿出来，送给这两位外宾，请外语讲得好的旅客，把杨怀远的意思告诉马丁和苏珊："今天，是我们国家传统的中秋佳节。今天晚上，我们全国人民都在吃这样的月饼过团圆节。你们到我们国家做客，就请同我们一道，也尝尝我们中国的月饼，欣赏一轮海上的明月吧！"

苏珊接过月饼，微笑着先品尝了一口，连连点头："好吃！好吃！"马丁也乐得合不拢嘴。他俩各吃一块，留下两块，说明天再吃。

看到他俩兴高采烈的样子，杨怀远心里比自己吃下这四块月饼甜多了。

杨怀远认为，沿海客轮的服务工作，是国家对外开放的一个重要窗口，也是祖国精神文明建设的重要窗口。华侨、外宾一踏上我们的轮船，就应该受到我们的热情接待，先要让他们产生良好的第一印象。因此，客轮服务工作也联系并影响着祖国的荣誉。为华侨、外宾尽心服务等于也是为祖国做无形广告。

杨怀远在对外宾服务过程中，经常有外宾当面向他伸出大拇指，称赞中国的服务是第一流的，只有在中国才遇到这样好的服务员。正如杨怀远吟唱的歌谣：

小小客舱通四海，服务工作连全球，

热情对待天下客，友谊花香飘五洲。

砥砺风霜

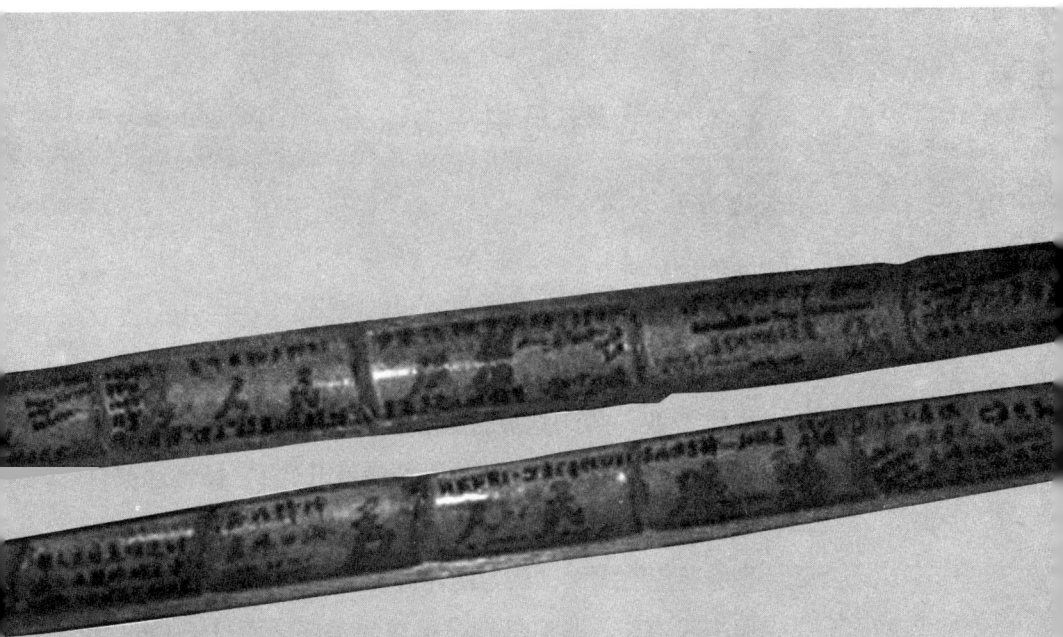

杨怀远的海员生涯像是在大海中航行的一条船，有时会遇到恶劣的天气，有时也会遇到激流险滩。而使杨怀远人生旅途能够抵御风霜冰雪，实现理想目标的一份重要力量，是杨怀远爱人数十年的无私奉献和默默支持。她理解杨怀远的追求，做一位知心爱人，做一位有博大情怀的"贤内助"。而在杨怀远的人生旅途中，最使他痛心的是作家张士敏《荣誉的十字架》对杨怀远夫妇在精神上、身体上、经济上造成的极大伤害。杨怀远、佘秀英夫妇状告张士敏利用小说进行诽谤案件，也受到社会极大关注，这场诉讼风波历时两年零七个月，人民法院作出公正判决，终于以杨怀远夫妇的胜诉而划上圆满句号。

➡ 患难与共

★★★★★

杨怀远的爱人叫佘秀英，原上海市长乐中学的教师，大学毕业，共产党员。她和杨怀远是患难之交。1966年两人刚相识不久，文化大革命就开始了，杨怀远被打成了黑标兵。当时有人劝她终止与杨怀远的恋爱关系，佘秀英深明大义，认为杨怀远学雷锋，全心全意为旅客服务没有错，非但没有终止恋爱关系，而且于1968年在杨怀远挨批的日子里他们结了婚。几十年风风雨雨，佘秀英总是全力支持杨怀远的工作。杨怀远常想：他为旅客挑扁担，实际上不是挑而是抬，一头压在自己肩上，另一头压在妻子佘秀英肩上。可以说，没有佘秀英的支持，杨怀远很难几十年如一日地把扁担挑下来。

一位成功男人的后面一定有一位坚强的女性。

佘秀英两次住院生孩子，杨怀远只到医院去看过一次。1976年冬天，她住院做脾切除手术，杨怀远只陪了三天，没等妻子伤口拆线，就回船了。长期以来，佘秀英一面教书育人，

△ 杨怀远的妻子佘秀英几十年支持杨怀远的事业，这是她在杨怀远小扁担上写下"不满足是向上的车轮"几个大字，勉励老杨永远向上

一面带着病弱的身体照顾孩子，操持家务；稍有闲暇，就抽空帮助杨怀远整理日记。杨怀远的"百宝箱"中有很多小物品都是从家里取来的，佘秀英都没说二话。

佘秀英不仅是一位生活上的贤内助，甘做一位映衬红花的绿叶，而且在精神上也给杨怀远以极大的支持。她四次给杨怀远"小扁担"题字，成为伉俪佳话。

杨怀远也深深地感谢妻子多年默默无闻的奉献和支持，他感到欠妻子和孩子的太多太多。他在 1986 年 7 月 18 日的日记中写道：

我给旅客的孩子洗了二十多年的尿布，但我没有给我自己的孩子洗过一次尿布。……这次搬家，工作量那么大，可我还是不能公休，把这么重的担子全交给她。但我又不得不这样做，因为我是共产党员，在党的利益和个人家庭利益发生矛盾时，我只能无条件服从党的利益。……我为我不能公休下船搬家感到对不起家属，同时我也为家属对我的支持感到欣慰，我向我的家属致敬。

杨怀远在 1989 年 10 月 19 日的日记中深情地写下了这样的话：

70 年代我的老岳母患老年精神病，现在我的大孩子又患病，给家庭生活带来很大困难，仍旧还是她扛着。这一切就是木头也不能不为之感动。但她却总默默地承受着，从无半点怨言。不仅如此，她还经常为我分忧，帮助我搞好客运服务工作。我为旅客排忧解难的方便箱经常需要添置一些物品，我因在港时间短促，没有时间去采购，她便经常为我代劳，把方便箱需要添置的物品按时买好。我的事业之所以能够坚持到现在是和她的支持和配合分不开的。我为旅客挑了28年扁担，迎送千千万万有困难的旅客，应该说我不是一个人用扁担挑，而是我同妻子两个人一起抬的。

佘秀英有一句常说的话："单位的事再小也是大事，家里的事再大也是小事。"

→ 诉讼风波

★★★★★

杨怀远夫妇诉张士敏利用小说进行诽谤案的经过是这样的：

1985年春，被告人张士敏受工人出版社委托为自诉人杨怀远撰写传记。张士敏在对杨怀远采访过程中与杨发生矛盾，对杨产生怨恨，曾扬言要写小说"暴露"杨怀远以泄私愤。此后，张士敏撰写了长篇小说《荣誉的十字架》，于1988年5月在上海文学杂志《小说界》第三期上发表，并且在1989年2月又由作家出版社出版了单行本。张士敏在塑造小说主人公于妙根时，采用了杨怀远许多独有的特征和事迹。如：于妙根和杨怀远都出身贫农，都当过小长工，都参过军，复员后都到客轮当服务员。在做好本职工作的同时，为旅客做好事；

文化大革命中一度被"批斗"，后被任命为上海海运局党的核心小组成员，以后辞去领导职务，仍当客轮服务员；杨怀远用"母子板"、"百宝箱"、"方便桌"为旅客服务，于妙根则用"母子板"、"百宝箱"、"小桌子"为旅客服务；杨怀远的小扁担被换成了背篓，但背篓上也同小扁担一样被旅客刻满了签名和赞词；杨怀远1966年在北京参加国庆观礼，与著名劳动模范王进喜、孟泰、时传祥等住中南海，周恩来总理深夜为他们盖被子；1965年参加交通部组织的宣讲团到上海、天津、大连、青岛等港口作巡回宣讲，于妙根也一样如此；两人取得的荣誉也一样，都是省、市、全国劳动模范、优秀共产党员、精神文明建设标兵、学习毛主席著作积极分子等。张士敏还直接引用了杨怀远创作的《登天安门》和回忆旧社会苦难生活的诗歌；还有杨怀远与张士敏为写传记发生矛盾的基本情况等等。大概算来，小说中的于妙根与现实中的杨怀远相同相似的地方有几十处之多。尽管张士敏将于妙根塑造为豫东人，但熟悉情况的读者看后，基本认为小说中的主人公于妙根就是生活中的杨怀远。张士敏在小说中还虚构了三个情节加在主人公于妙根和其妻闵秀珍身上。一是于妙根在"文革"前巡回宣讲时，为了拔高自己，把解放前曾在一中农罗圈子家做长工说成在一地主家做长工，使该中农罗圈子被戴上地主帽子，含冤受屈，家破人亡。"文革"后，罗圈子找于妙根算账，使于妙根无地自容。二是于妙根的妻子闵秀珍因不满没有爱情的婚姻，与造反派头头郭岭通奸，被于妙根撞见后，为保住荣誉，宁愿蒙受耻辱，也不同意闵秀珍离婚，闵秀珍因此投江自杀。三是于妙根的儿子于志江厌恶其父只要荣誉不顾一切的为人，决心与其父决裂，当着于妙根的面自杀，以此来推翻其父这座偶像。小说将主人公于妙根这个获得全国劳动模范、优秀共产党员称号的客轮服务员描写成一个为了荣誉不顾一切而众叛亲离的孤家寡人。张士敏自己也供认，上述三个情节是他虚构的，用以达到影射杨怀远的目的。小说中还有多处矮化、丑化劳模的描写。

《荣誉的十字架》发表后，在社会上和境外引起了被告人所追求的"轰动效应"。一部分读者轻信小说内容，议论纷纷，给两自诉人杨怀远、佘秀英夫妇精神上造成了很大痛苦，工作和生活受到很大影响。看过小说后，杨怀远气得两手发抖，血压升高，心脏病发作好几次；佘秀英痛苦不止，拿着"敌敌畏"要找张士敏还她清白。杨怀远的儿子看过后要找张士敏拼命。

这一沉重的打击，使杨怀远的家庭一下子瘫痪了，杨怀远的人生也走到了最低谷。

各级组织和领导没有忘记杨怀远，纷纷伸出援助之手：交通部给杨怀远家寄来了慰问信，全国海员总工会派专人带着海总的慰问信来上海看望杨怀远一家。上海市总工会、市妇联、市交通办党委以及上海海运局的领导都多次到杨怀远家慰问，帮助做工作。杨怀远的家庭终于稳定了下来，没有发生更大的家庭悲剧。

在上海海运局工会的支持下，杨怀远夫妇于1988年7月11日召开了新闻发布会，有三十多家新闻单位的记者出席。杨怀远夫妇面对媒体，披露了这个作家利用写小说对他们进行诽谤的情况，并宣布已委托律师向法院提出诉讼。在新闻发布会上，上海海运局工会主席陈昌本表示：作品中的描写对我们船员家属是极不公正的，尤其是实际效果上对杨怀远同志的爱人的中伤和诽谤更是令人难以容忍，所以要借这次新闻发布会"为劳模伸张正义，以取得社会舆论的理解和支持"。同一天，张士敏也举行了新闻发布会，辩称于妙根是拼凑起来的角色，小说中的主人公就要写得像生活中的某类人，这不能成为对号入座的理由。张士敏在新闻发布会之后，又串联58位作家联名上书上海市委，要求保护作家的创作自由。

1988年7月17日，上海市徐汇区人民法院正式受理了杨怀远夫妇的诉讼案。杨怀远夫妇在上诉中，要求追究作家张士敏的刑事责任并向他们赔偿经济损失。

《中国青年报》也发表文章，指出这是建国后第一起因文学创作涉嫌诽谤案，情况异常复杂。

杨怀远深知，自己多年岗位学雷锋做好事没有错。他顶着巨大的精神压力和痛苦，仍坚持为旅客挑扁担做好事；妻子佘秀英表现出异常坚强，她认为她支持杨怀远为人民服务没有错。当法院的同志告诉杨怀远，官司一时难以结案时，佘秀英对杨怀远说："放心回船吧，家里由我顶着。"为鼓励杨怀远战胜困难的信心和勇气，她又用钢笔在小扁担上写道：

风大浪险志更高，压力如山莫动摇。

不向钱看向客看，勇往直前坚持挑。

这已是佘秀英为杨怀远小扁担第四次题字了。

由于案子社会影响大、干扰多，三个月下来，没有任何进展。1988年10月，杨怀远作为特邀代表参加全国总工会召开的第 11 次全国代表大会。邓小平等中央领导出席了大会，并同全体代表合影留念。全国总工会主席倪志福对杨怀远十分关心，问道："听说有人对你不公，那怎么行！"会议期间，各地代表也纷纷关心问起杨怀远的案件进展情况，表示极大的关注和关心。

上海市徐汇区人民法院经过两年多的工作，终于在 1990 年 4 月 28 日、5 月 12 日、6 月 29 日、7 月 3 日开庭调查和法庭辩论，有二十多家新闻单位的记者和有关方面的领导及部分法律界、文艺界的代表参加旁听。上海市徐汇区人民法院最终确认：被告人张士敏为泄愤报复，在塑造小说《荣誉的十字架》主人公于妙根时，故意引用自诉人杨怀远独有的身世、经历、事迹、获得的荣誉称号、创作的诗歌等九个主要方面的特征，将主人公的基本特征写得与自诉人相同，同时又虚构了损害自诉人人格和名誉的情节，对自诉人进行诽谤，致使自诉人的人格受到损害，名誉遭到破坏。在诉讼期间，被告人不顾法院的制止，使小说《荣誉的十字架》出版单行本，情节严重，已构成诽谤罪，应予处罚。对自诉人由此而遭受的经济损失，被告人应予赔偿。被告人的违法所得应予追缴。鉴于被告人对自己的行为有一定的认识，可酌情从轻处罚。法院依照刑法第一百四十五条、第六十七条、第六十条、第三十一条的规定，于 1991 年 2 月 27 日判决如下：一、被告人张士敏犯诽谤罪，判处有期徒刑六个月，缓刑一年。二、被告人张士敏不得再以任何形式发表或出版小说《荣誉的十字架》。三、被告人张士敏的违法所得人民币 4358.70 元予以追缴。四、被告人张士敏赔偿自诉人杨怀远、佘秀英的经济损失计人民币 1630.78 元。宣判后，被告人张士敏没有提出上诉。

人民法院在审理本案的过程中，认真区别了一般的小说创作与利用小说形式实施诽谤的界限，最终作出了公正的判决。

杨怀远终于赢得了这场官司，卸下了张士敏强加给他的十字架。他又可以轻装上阵，为旅客挑小扁担了。

开放时代

上世纪80年代，改革开放大潮汹涌，社会上刮起了一股不正之风，讲实惠、讲钞票、讲享受的人多了，讲艰苦奋斗、讲理想信念、讲无私奉献的人少了。社会上对杨怀远热心为旅客义务挑扁担又开始议论起来了。有的说，搞改革开放了，还挑什么小扁担，这是落后时代！也有的说，现在要按市场经济规律办事，挑扁担是额外服务，应该收钱。还有的说，学杨怀远没好处，除了累就是苦，一点实惠也没有。有的竟将杨怀远的小扁担扔掉，有的还扔到了厕所里。面对社会上的种种诱惑和非议，杨怀远不为所动，他始终坚定自己的信念，觉得那些是错误的思潮，要坚决顶回去！杨怀远觉得，为人民服务，为人民办好事，代表人民的根本利益，反映最广大人民群众的根本要求，得到最广大人民群众的拥护和爱戴，要终生做下去。这是党的宗旨，永远也不过时，永远也不能丢！如果一个共产党员宗旨淡薄了，也就是淡薄了党性，偏离了党章，也就不能成为一个合格的共产党员！对人生，对幸福，杨怀远有自己的理解。他认为：什么叫幸福？全国人民都能像雷锋同志那样，毫不利己，专门利人，全心全意为人民服务，大家就幸福了。那样，中国的文明程度，就会达到世界一流，就会成为世界上最幸福、最美好国家了。在杨怀远心目中，比金钱更珍贵的是旅客对自己工作的理解和承认，是旅客的感情，这才是他最大的快乐和幸福！

→ 坚定信念

☆☆☆☆☆

　　杨怀远认为，自己作为一名从事客运服务的共产党员，就应该全心全意为旅客排忧解难，把对群众的关怀通过自己的辛勤劳动送到旅客心坎上，使旅客感到在家千日好，出门也不难。作为一名共产党员，没有为自己谋私的权利。杨怀远面对改革开放新时代，他认识有高度，服务标准一点也不降低。让我们还是来看看杨怀远的日记中记载的点点滴滴：

　　例一：决不让旅客带着遗憾下船

　　这航次从广州开上海，四等舱 11 号房间住了 8 位中山大学的学生，其中一位女大学生的一个大提包的拉链坏了，一上船就问我能不能帮助修好。我的旅客方便箱里有修拉链的钳子等工具，过去我也经常帮旅客修过，因此便一口答应下来。下班后，我就抓紧时间给这位女大学生修提包拉链，谁知钳子稍稍用力，拉链的拉拌断成两块。这可怎么办呢？在这茫茫大海上又无处可买拉链的零件，原是一件好事却被我办坏了。

　　虽然这位大学生一再说没关系，可我心里总过意不去，总感到不能就这样让旅客拎着一只拉链坏了的提包下船。

我想来想去，便把自己拎包上的拉链拉拌拆了下来装到这位女大学生的拎包上，连拆带装搞了半个多小时才修好，总算使她满意了。这件事虽然很小，但它说明一个道理，就是为旅客服务必须有完全彻底的精神，宁愿自己多麻烦，受点损失，决不能使旅客感到不便，带着遗憾离船。这是一个原则。

1984 年 1 月 2 日

例二：党员就是要比别人多做多吃苦

我在长柳轮前五等舱工作已有五个年头了。这里在船底层，再加上面积大，有 140 多个床位，空气很不好，乘客又大都是长途贩运的个体户和来自农村的民工，带上船的各种吃的东西比较多，因此在这里服务有三多：人多、事多、垃圾多，服务员非常吃力，特别是夏天客舱很闷热，乘客不停地叫，搞得服务员在晚上连觉都睡不好。最近服务组长考虑我年纪大了，社会活动又较多，所以多次同我商量，要给我换个较好的工作环境，到四等舱或三等舱，任我选一个。但我考虑，共产党员就是应该比别人多做多吃苦，就是要在困难比较多、工作量比较大的地方工作，就是要先人后己，把困难留给自己，把方便让给别人，就是要有自我牺牲的精神，吃苦在前，享受在后。因此我对组长的关心表示感谢，坚决继续留在条件比较艰苦的前五等舱工作。

1986 年 4 月 8 日

例三：按改革开放的要求努力提高服务水平

现在，各行各业都在积极进行改革开放，对我们客运服务工作来说，我认为应在原来的服务基础上，从四个方面进行改革和提高：

1. 从传统的服务逐步向科学服务方向发展，跟上国家四化建设的发展要求；

2. 从体力服务逐步向智力服务发展，要苦干实干加巧干；

3. 从有限服务向打破常规界限、向无限的为人民服务的广度和深度发展；

4. 从少数人优质文明服务向普遍性的优质文明服务发展，搞集体化优质文明服务。

我们每个客运服务人员都应力争做好五大员，即全心全意为旅客服务的优秀服务员，热情向旅客宣传党的方针政策和安全乘船的红色宣传员，保证旅客安全的安全保卫员，维护好客舱秩序的客舱管理员，为旅客排忧解难的修理员。

1986 年 7 月 5 日

例四：人生价值在于为人民

毛主席的光辉著作《为人民服务》、《纪念白求恩》、《愚公移山》是人生的价值篇，是做人的标准和准则篇，是行动的指南和向导篇。二十多年来我一直把这"老三篇"带在身边，里面的内容都能背下记住。在工作中一事当前，我脑子里就会立即强烈出现为人民服务的标准，并坚决按这个标准去做。船到上海在港内航行时间很长，从进吴淞口到靠公平路码头一般都要两个多小时。有的服务员在船一进吴淞口后就赶旅客出客房，自己抓紧这段时间打扫包干的客房卫生，以便在船靠好码头后可以马上下地回家。而旅客被赶出客房后，只能站在走廊等上两个多小时，一些老人、小孩和身体不好的旅客在走廊连个宽松的立脚地点也找不到。这拿为人民服务的标准来衡量，显然是先自己后人民，不是为人民，而是为自己。因此，我坚决持相反的态度，在船进吴淞口后，我不是驱赶旅客出客房，而是告诉旅客现在离靠码头还有两个多小时，希望大家安心在客房好好休息。在船靠好码头后，我还要用小扁担帮助有困难的旅客把行李挑到港区门外，直到把旅客都送走后，我才来打扫自己包干的客舱和厕所。这样做虽然我晚几小时下地回家，但却给旅客带来了方便。我感到为人民还是为自己的价值观处处都能体现出来，我要坚决选择为人民出力流汗、先人民后自己的价值观。虽然客运服务工作很平凡，做不出什么大事来，更创造不出惊天动地的事迹来，但正如毛主席说的，只要有了这种精神，就是一个有益于人民的人，一个脱离了低级趣味的人。这是我的终身追求，不管世风有何变化，我终身不变。我的信念是人生的价值在于为人民。

　　活着为人民，价值贵如金；

　　活着为个人，不如一根针。

　　我选为人民，终身不变心。

1986 年 9 月 2 日

　　杨怀远有坚定的信念，对自己的选择从不后悔。他在1993 年 1 月 15 日的日记中，深情地写道：

　　70 年代，组织上曾把我从客运服务员提拔为客船政委，后来我主动辞掉政委工作，仍旧继续做客运服务员。对此，当时便有人为我惋惜。最近，海运局实行上岗工资，政委的上岗工资为 400 多元，而服务员只有 150 多元，因此又有熟人跟我说，当年如果你不辞职改行，仍旧做船舶政委，那你现在的工资能比当服务员一个月多 250 多元，说我太吃亏了。我跟他们说，我始终都认为我当年的选择是正确的，从来也没有后悔过。因为我最热爱客运服务工作，只有做客运服务员我的小扁担才能发挥最大作用。像我这样水平的船舶政委可有成千上万，但像我这样能长期为旅客挑扁担的服务员那恐怕就很少了。我原来要由政委改做服务员的目的，就是想怎样才能更好地发挥自己的作用，更好地为人民服务。为权为钱的事，我从不眼红，我只有一个心眼，就是只求为人民服务到白头。

→ 再学雷锋

★★★★★

　　上个世纪八九十年代，面对"雷锋过时论"，杨怀远曾含泪写下一首小诗：

　　　中国雷锋是否在？

　　　听说雷锋在国外；

　　　有人看见在美国，

　　　我盼雷锋再回来。

　　杨怀远继续坚持为旅客做好事，继续力争做好"五大员"。1990年1月13日，杨怀远收到了从北京寄来的一封关于推选他为中国雷锋研究会会员的信，信中邀请杨怀远于1月6日到北京参加第一次代表大会。由于航运在外，接到信时开会日期已经过了7天，杨怀远只有写了一封回信，对大会的召开表示热烈的祝贺，同时也期盼着全国能够再次掀起学雷锋活动的新高潮。

　　1990年2月2日，杨怀远在由上海航行到厦门时，应厦门海军水警区许主任之邀，在轮上给二百多名舰艇官兵汇报学雷锋的体会。讲了两个多小时，受到热烈欢迎。在汇报结束后，许主任赠送给杨怀远一本雷锋日记选。杨怀远一口气看完，心想，如果大家都有雷锋那样

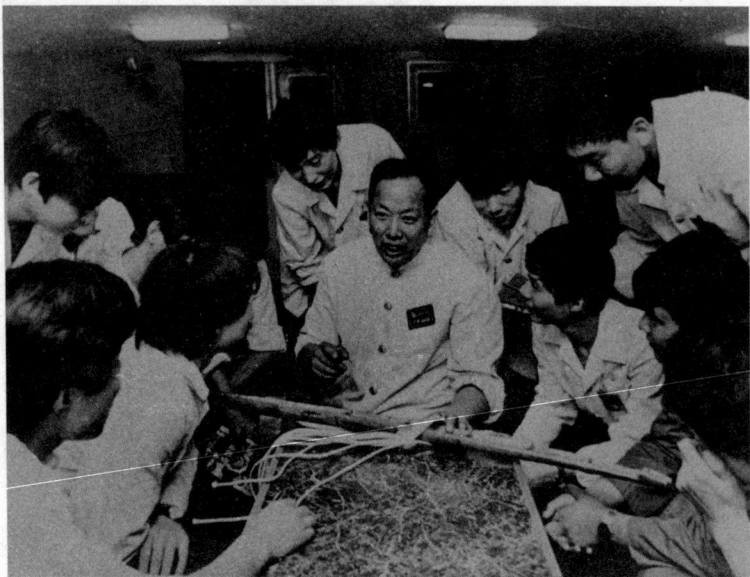

△ 杨怀远与青年们谈人生，谈理想，鼓励他们全心全意为人民服务

的思想境界，都能像他那样想、那样做，我们的社会该多美好，我们的事业就一定能在世界最前列。

这一个时期，杨怀远仍然保持革命的乐观主义精神，对雷锋的现实意义和价值有更清醒的认识，他认为岗位学雷锋有巨大的生命力。他在一首小诗中写道：

坚持岗位学雷锋，顶着困难朝前冲；

天天主动做好事，任尔东南西北风。

杨怀远不仅自己学雷锋，还带动身边的青年服务员，主动改进服务工作，把方便、舒适、高兴、满意带给旅客，并且积极推广自己的服务经验，把学雷锋变成大家的自觉行动，涌现出一大批服务明星和优秀服务员。

不仅如此，杨怀远还特别注意不失时机地向每位旅客和身边的人宣传雷锋事迹，弘扬雷锋精神。他作了一首《我为雷锋做广告》的诗，道出了杨怀远的心里话：

> 雷锋伟大又崇高，神州大地众皆晓。
>
> 我以雷锋为榜样，奋力追求不动摇。
>
> 四十年来从未淡，坚持为民重担挑。
>
> 重在岗位学和做，不理讥讽和干扰。
>
> 参加七次报告团，学习雷锋作介绍。
>
> 最高讲到怀仁堂，最多一场万人超。
>
> 先后到过十六省，各大港口多次到。
>
> 海陆空航客运站，党政机关和院校。
>
> 共讲场数一千多，是从青年讲到老。
>
> 退休之后仍不停，对着毒功猛开炝。
>
> 人民需要扁担情，我为雷锋做广告。

→ 谢绝小费

★★★★★

在社会上一切向钱看风气的影响下，很多人都劝杨怀远，说为旅客挑扁担也应该改变了，适当收点小费也是理所当然的。还有的好心人劝杨怀远：现在都什么时候了，你还这么死心眼，不开窍？你不为自己想想，也得为家里想想啊！

杨怀远认为，改革开放不等于一定要产生一切向钱看等不正之风，关键在要两个文明一起抓，这样社会才能健康发展。他对自己也有严格的要求，就是为旅客服务，是应尽的义务，不收旅客的东西，这是自己订下的终身的铁的纪律，在任何情况下都不能违反。"一切向钱看"之风，把雷锋同志的精神、共产主义道德、人民之间的深厚感情以及为人民服务的思想，吹到角落去了，实在要不得，必须排除干扰，坚决予以抵制。

有一次，杨怀远给一位旅客挑行李，送得很远了，这位旅客过意不去，就掏了一些钱给杨怀远，说是表表心意。杨怀远马上谢绝了，说："我是为人民服务，不是为人民币工作。"那位旅客又送杨怀远香烟，也被婉言谢绝了。

为了不收小费，杨怀远用顺口溜，记述了这样一件事：

两腿中风不能走，俞老先生发了愁；

八十八岁是父辈，理应背他到码头；

老人感动给小费，我忙摆手说不收。

杨怀远不收小费，是出了名的。面对改革开放，面对金钱的诱惑，杨怀远决不做"财迷心窍"的事，即使手中有谋利的条件，也决不去做为自己捞好处的事。

上世纪 80 年代，杨怀远所在的长柳轮由跑北方航线，改跑上海、厦门、广州航线，当时利用在轮船上工作的方便，不少船员通过捎带外烟，赚些外快。也有人劝杨怀远，要他也可以捎带外烟，赚点钱贴补家用。杨怀远认为把精力放在那上面不仅有损船员形象，而且对客轮的安全生产和客运服务工作也有影响，他不予理会。

随着国门的不断打开，一些到大陆探亲的港澳台和国际友人越来越多，杨怀远为他们挑扁担，他们更是把给小费作为天经地义的事。而杨怀远每次都婉言拒绝，令他们很感动。

1984 年 7 月 29 日，客轮从广州返回厦门，船上住着一位从澳门来的女旅客，带着三个小孩，大孩子四岁，第二个孩子两岁，最小的孩子才只有三个月，另外还随身带了六件行李。她一上船，就为在厦门下船发愁。我也在发愁，她带的孩子和行李实在太多了，船到厦门只停两个小时，她的六件行李至少要挑两趟才行，时间太紧了。但不管怎样，我总得帮她解决这个困难。于是我主动跟她打招呼，让她用不着发愁，到时我会来帮忙的。船到厦门后，我用一条最大的扁担分两趟帮她把六件行李挑下船。在我挑最后一趟时，她背一个孩子，抱一个孩子，一只手领一个孩子跟在我后面走。她以为我是送上门的挑夫，心安理得，连一声谢谢的话都没说。我把她的行李放好后，她拿出两张 10 元外汇券给我。我说："你有困难，我应该帮助，用不着给钱。"她把眼一瞪："怎么啦？嫌少啦！"我说："不要你的钱，就不存在多少。"她这才醒悟过来，一面把钱硬往我衣袋里塞，一面说："我在澳门出来时，也是这么多行李，只叫人帮助搬上车，就硬要 30 元钱，你从船上挑了两趟，怎么能不要钱呢？"我说："那是澳门，这里是厦门，两个门不一样的。"我把钱还给她就告辞了。

——摘自杨怀远《为人民服务到白头》

1990 年 1 月 4 日，长柳轮从厦门开上海。二等舱 14 室的一位女旅客找值班服务员，说要找一个人下船时帮她拿行李。我去看了下，她是从美国洛杉矶回国探亲的，带了三个孩子及大小九件行李，没有人帮忙下船是很困难的。船到上海后，我便来帮她挑行李。她以为我是船上专门做挑夫的，在我捆扎行李时，问我收多少钱。我说："我是客运服务员，你有困难我应该帮忙，一分钱也不要。"她说："哪有这样的事？"于是便把 20 元钱小费给我。我说："我是看你有困难才来帮忙的，如果是为了钱我就不来了。"她听了后很感动，就从包里拿出一条三五牌香烟给我。

我说："钱不要，东西也不要。"她更感动了，想了一下又从包里拿出一个小摄像机，把我为她挑行李的情况都摄了下来。她说："我要把这个录像带到美国去放给我的先生和美国的华人看，让他们知道祖国是多么亲切！"我只不过挑了一担行李，就换来美国华侨对我们国家的好感，我也觉得很自豪、光荣。

——摘自杨怀远《为人民服务到白头》

杨怀远不仅做好事不收小费，而且还对特殊困难的旅客贴钱给他们，帮助旅客排忧解难、做好事，这些对于杨怀远来说也都是常事。

告别大海

杨怀远从 1960 年复员到轮船公司工作，1997 年 11 月光荣退休。他在轮船上义务为旅客挑扁担 38 年，共用了 47 根扁担，磨破了十几件工作服。在漫长的 38 年里，在扁担的嘎吱声中，杨怀远从计划经济挑进市场经济，从大陆沿海挑到香港，从一个英俊青年挑到两鬓斑白。临退休时，领导给他算了一笔账：杨怀远总共有 1336 个礼拜天没有公休，算起来有 25 年没有公休一天假。

杨怀远独创了一套语言服务和心理服务学，他用日记积累了 8000 多首服务诗歌、顺口溜；他还把服务经验写成 17 万字的《讲点服务学》；这些朴实无华的语言，有一种打动人心的力量。他用独特生动的语言，归纳、整理、概括客运服务的宝贵经验。他的"小扁担精神"享誉中外，成为上海客运集团乃至全国服务行业宝贵的精神财富。"小扁担精神"的核心就是爱岗敬业、服务奉献。他的小扁担上，被中外旅客题写了无数赞美的语言，无数励志的言辞。杨怀远自己也把毛主席题写的"为人民服务"五个大字写在扁担上，时常用小扁担上的题字来对照自己，时时不忘"为人民服务"这个宗旨。他还时时处处不忘做好传帮带，使很多青年服务员成为劳模和标兵。他退休后，还义务扎拖把，义务到工厂、学校、机关作巡回演讲。

杨怀远退休了，他要向大海告别了，他要离开他深爱着的旅客了。退休后，杨怀远做梦都在想着给旅客挑担子。他曾在日记中写道：希望自己能变成拖拉机、起重机、大卡车，给更多的旅客帮更大的忙。

⊖ "小扁担"的故事

✦✦✦✦✦

在杨怀远常用的五条小扁担上，密密麻麻留下了250多条题词。每一条题词的背后，都有一个感人的故事。而第一次在小扁担上题词签名留言,发生在1978年。

1978年夏天，从大连驶来的长锦轮靠泊在上海港公平路码头。骄阳似火，热气灼人，山东大学的一位老教授看着脚下沉甸甸的大旅行包，见接他的人仍未到，急得团团转。正一筹莫展之际，杨怀远笑盈盈地上前，热情地问道："老先生，别慌，我送你下船。"老教授见状别提有多高兴了。待杨怀远把行李挑到汽车站，正要分手时，老教授要掏钱答谢，杨怀远见状，擦着满头大汗，婉言谢绝了。这是他的老规矩，他从不接受旅客的"小费"。老教授非常感动，掏出钢笔，沉思片刻，在杨怀远的小扁担上题诗两句："天光云海自有鉴，人民需要扁担情。"这是旅客第一次在杨怀远的小扁担上签名留言。

从此一发不可收了。

新疆电视台的一位记者在扁担上写道：

怀远爱长柳，扁担壮志酬；

能挑千斤担，不挑九百九。

苏州的一位旅客题写道：

老年自奋，怎愁夕阳长短；

赤诚为民，岂论职位高低。

山东潍坊中学一位教师写了三个大字：

雷锋魂。

陕西有位老延安在小扁担上写道：

挑万里情，送四季春。

上海自来水公司一位旅客写道：

年过半百老公仆，忠恳勤奋为人民。

在杨怀远的小扁担上，还有不少港澳台同胞和国际友人的题字。

一位台湾高雄市的旅客在小扁担上写道：

愿祖国早日统一，愿海峡早日通航。

一位金发女郎，第一次见到中国古老的扁担，不禁十分惊讶，当杨怀远用小扁担把她的行李挑进船舱，她用外文在杨怀远的扁担上写下一句奇特的赞语：

惊人的发现！

杨怀远的小扁担上留下了几十位外国旅客用各国文字写的赞美中国的话。

1984 年夏季，为了适应改革开放后人民生活水平提高，旅客携带大件行李增多的特点，杨怀远把小扁担换成了大扁担。

上海工艺美术品公司的几位领导，得知这一情况后，向杨怀远借了一条备用的大扁担，说拿回去后刻几个字。过了半个多月，杨怀远见到一件精美的工艺品。原来，上海工艺美术品公司的几位领导当时在船上就研究了，他们委托上海红林雕刻二厂雕刻家李怀宜厂长，在扁担上雕刻了"扁担精神万岁"六个大字，上面又陪衬雕上青松，整条扁担漆得金光锃亮。杨怀远对李厂长等领导说："我只是为旅客挑挑行李，怎么能担当得起这样高的称赞呢！"李厂长说："这是我们公司几位领导研究决定的，扁担精神，也就是为人民服务的精神，应该永远发扬。"杨怀远深感这根扁担意义重大，它凝聚着大家的赞美之情，它寄托着大家的希望，同时也令人鼓舞。当晚，杨怀远提笔写了一首小诗：

　　　　喜见扁担有题文，精雕细刻含义深；

　　　　人民给我最高奖，我要更好为人民。

1991 年 8 月 27 日，杨怀远在日记中写道：

在我到海兴轮前有个思想顾虑，就是担心我的小扁担在香港航线能不能发挥作用，继续用它为旅客挑行李。通过一个航次的观察，我发现乘海兴轮的旅客大都是回内地探亲的，年老体弱的旅客占 60% 以上。因为是探亲的，所以带的行李比较多，且又大多是大件。那些年老体弱的旅客自己无力搬行李，只能办托运和挂小件，上客时先用吊车吊上船甲板，然后由服务员分别搬到服务台和旅客房间，下客时再由服务员从服务台和旅客房间搬到船甲板，用吊车吊下船。海兴轮的服务员不少都是女同志，上上下下搬行李很吃力，特别是底层客舱，要上下两层楼梯，有的女服务员一个人搬不动，只好两个人抬，非常吃力。而且由于搬行李，占用了很多时间，影响其他方面的服务工作。因此，我便主动请示客运主任，让我用小扁担为旅客挑行李。在得到主任同意后，我根据海兴轮上下楼梯多且楼梯狭窄的实际情况，挑选一根最短的扁担，并在两头装上 4 只长短不一的挂钩，就像乡下挑水一样挑行李，一试效果很好，不管上下楼梯还是过铁门，都非常方便灵活。最近，仅仅 2 个航次，我就挑了 60 多担 120 多位旅客的行李，这样在上下客时，其他服务员就可以不要再搬旅客行李，腾出时间去进行其他服务工作，大家对我的做法都很欢迎，问我是否吃得消。我看到我的小扁担又能派上用场，可以继续用它为旅客服务，感到非常高兴。

　　杨怀远看到小扁担在香港这样高度现代化的城市也能发挥作用，非常高兴，他又写了这样一首小诗：

海轮抵香港，使我犯了难：

面对大都市，能否用扁担？

初来不熟悉，暂且不蛮干。

行包实在多，堆在上甲板，

除却肩膀扛，就需双手搬，

干得直喘气，累得满身汗。

功效实在低，想起"老伙伴"，

还是扁担好，省力省时间。

　　杨怀远对他的扁担怀有深厚的感情，他呼之为"老伙伴"。他深情地写下了《扁担颂》：

扁担长，扁担硬，

挑在肩，为人民，

送温暖，传深情，

铁肩膀，顶千斤，

担道义，不离身，

不沾污，不染尘，

不怕火，不怕冰，

不惧诽，不畏訾，

不怕折，不变形，

打不断，收不尽，

拗不弯，击不损，

淹不没，压不沉，

顶得住，立得稳，

上盘梯，进房门，

赶火车，迎送宾，

抄小道，更机灵，

客家爱，旅人敬，

我加重，客减轻，

看前途，大光明。

38年来，杨怀远共用过47根扁担，半数以上挑断了，留下来的弥足珍贵。人们争相求购收藏。有位台湾的收藏家乘船时找到杨怀远，愿意出2万元人民币买一根签字的小扁担。杨怀远虽然家里不富裕，却并没有答应，他说："这是传家宝，'扁担精神'要传下去，我不能卖。"

如今，杨怀远自己还珍藏着十多根旅客签名赠言的小扁

▷ 告别大海，杨怀远依依不舍

担。这些小扁担或长或短，长的有 170 厘米，短的仅 43 厘米。扁担上题有 300 多位中外人士的留言致意，写有我国汉、蒙、维吾尔和英、法、德、日、俄、朝鲜、缅甸等国的文字。

小扁担上的题字，给了杨怀远莫大的鼓舞和鞭策，他常常用这些题字来观照自己，时时刻刻牢记为人民服务的宗旨，牢记人民的嘱托和厚望。这些金子般的语言，成为杨怀远为人民服务的不竭动力和人生永远而美好的回忆。

→ 余霞满天

★★★★★

杨怀远十分重视做好青年服务员的传帮带工作。他感觉自己的年龄越来越大了，应该将服务的本领传授给青年。

1979 年，他带了个徒弟叫马如华，被人称为"小杨怀远"。他的另一个徒弟蒋国光也很出名。客轮上的青年服务队也十分活跃，他们义务为旅客修拉链、补衣服，很多青年服务员把老弱病残旅客送到家里。也有很多青年争当"扁担的传人"。

当杨怀远见到一些青年服务员们表扬信比他还多的

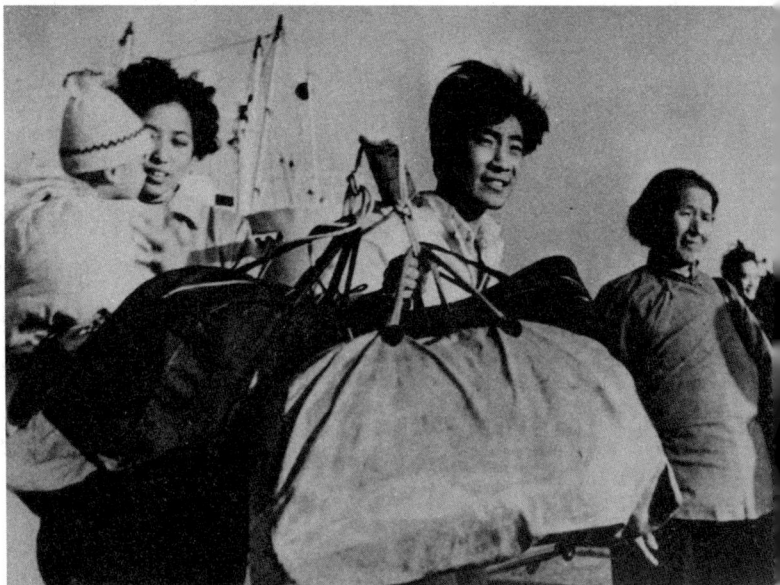

△ 杨怀远的徒弟黄桂宏,用杨怀远赠送的小扁担为旅客挑行李,小扁担精神一代一代往下传

时候，他从内心感到高兴。

杨怀远退休后，做了两件很感人的事，一件是参加了"百老德育讲师团"，去学校、下基层、走机关、奔部队、到监狱作演讲。大概计算一下，他已经做了 700 多场演讲。杨怀远说："'为人民服务'的精神要大讲特讲，我就是要为这种精神大做广告。"

另一件事，就是杨怀远已经扎了 1400 多只拖把，这个拖把名字叫"杨式旋转拖把"。他扎的拖把不用一截铁丝和一根钉子，怎么用也不会散架。他的拖把送给孤寡老人的居多，老人们在家打扫卫生，弯不下腰，蹲不下身子，他自喻这拖把就像带柄的抹布，使用十分方便。杨怀远真的把照顾老人的生活细节都想到了。

从下基层演讲，到扎拖把送老人，杨怀远都付出了很大的精力和物力。他十年如一日，走一处，讲一处，仅 2009 年一年，为近 5000 人作了 13 场德育报告。他为青少年作了 500 多场"学雷锋，为人民服务最光荣"的报告，还制作 40 多条小扁担签上自己名字送给 40 多位小朋友。他扎了 1400 多只拖把，光木料就花去四五千元，全是杨怀远自掏腰包，并全部免费送给别人。他演讲也从不收取分文。演讲不要钱，也是杨怀远铁的纪律。

感动中国

杨怀远从走上客运服务岗位以来，先后荣获全国、交通部、全国海员工会、上海市等授予的荣誉称号60余项。其中1982年荣获上海市劳动模范、全国交通战线劳动模范；1985年荣获全国劳动模范；1986年被新华社主办的《半月谈》杂志评为全国十大新闻人物之一；1990年作为特邀代表参加国务院召开的全国劳动模范代表大会。杨怀远曾受到过毛泽东、邓小平、江泽民、胡锦涛等党和国家领导人的亲切接见。

　　2009年，在国庆60周年之际，中央有关部门联合组织开展评选"100位为新中国成立做出突出贡献的英雄模范人物和100位新中国成立以来感动中国人物"活动，杨怀远入选"100位新中国成立以来感动中国人物"。2009年9月22日，杨怀远又被中华全国总工会评为"时代领跑者——新中国成立以来最具影响的劳动模范"之一。

　　面对荣誉，他发自肺腑之言："感谢共产党，感谢新中国！"

　　有人问杨怀远，是什么精神、什么力量支撑着你挑了38年扁担？杨怀远自己归纳了四个因素：第一，牢记一个宗旨。"为人民服务"这五个大字写在我的扁担上，挑在肩上，记在心里。第二，对准一个榜样。做到了一事当先想雷锋，一事之中仿雷锋，一事之后比雷锋，一年四季学雷锋，一生一世像雷锋。第三，朝着一个方向。人民满意就是我的方向。第四，坚持一股干劲。为人民服务贵在坚持，我做这点小事，从没有想到会引起那么大的反响。这让我体会到，虽然身处平凡岗位，做的是平凡小事，但人民群众有需要。

　　杨怀远把为人民服务牢记心中，他的小扁担上刻着60

多位中外旅客的留言，他的小扁担已经被中国革命博物馆、上海中共一大会址纪念馆等单位征集为革命文物。这是对劳动、对奉献、对普通劳动者的崇高赞美和最高褒奖。

➡ 全国劳模

★★★★★

1985 年 11 月 5 日，国务院授予杨怀远全国劳动模范光荣称号，在上海市人民政府礼堂举行了隆重的授勋大会。时任上海市市长的江泽民同志代表国务院将金光闪闪的全国劳动模范勋章挂在杨怀远的胸前。在这次表彰会上，上海市委书记芮杏文同志代表上海市委授予杨怀远上海市优秀共产党员光荣称号。这是党和国家对杨怀远几十年来辛勤劳动和作出突出贡献的高度肯定和奖励。在召开这次大会的同时，中共上海市委发出"关于开展向杨怀远同志学习活动的通知"，《解放日报》也发表了题为"为党的形象增辉"的评论员文章。

1991 年五一节，杨怀远作为劳模特邀代表出席全国总工会在北京召开的座谈会。应邀参加座谈会的有 10 位全国劳模和 64 名五一劳动奖章获得者。座谈会由全总主席倪志福主持，有 10 位代表在会上发言，杨怀远第二个发言。他感谢组织的关心并表示今后要更好地为旅客挑好小扁担。

第二天，即 4 月 29 日下午，中华全国总工会在北京人民大会堂举行庆祝五一劳动节大会，党和国家领导人江泽民、李鹏、杨尚昆、万里、乔石、李瑞环、宋平等出席了大会。当时，杨怀远和其他 9 位特邀代表在主席台就座。杨怀远的座位在主席台第三排，正好靠近原上海市市长、当时为国务院副总理的朱镕基同志。朱副总理热情地和杨怀远握手，叮嘱杨怀远要保重身体，在上海市好好发挥作用。

会议结束后，应邀的 74 位代表在人民大会堂湖南厅集中，与党和国家领导人合影留念。杨怀远等 10 位特邀代表

△ 在授予杨怀远全国劳模大会上，杨怀远表示继续发扬小扁担精神

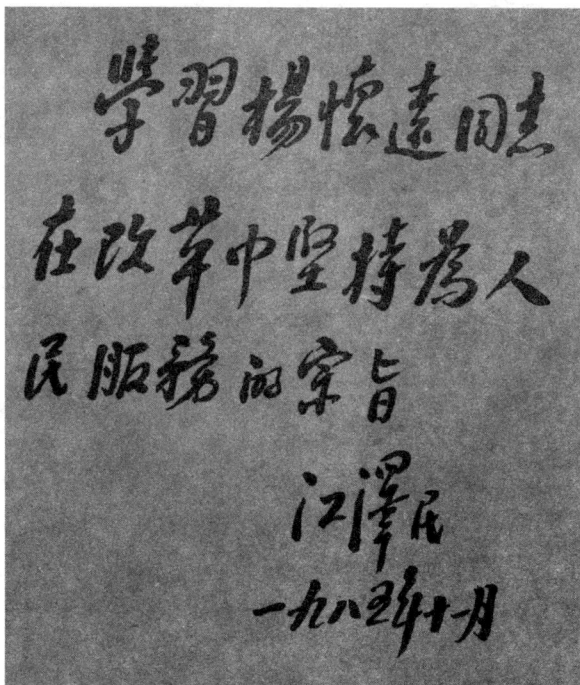

同中央领导一起坐在第一排。合影完毕后，江泽民总书记一眼认出了杨怀远，大声说："老杨嘛，你好啊，好久不见了。"一边说着，一边朝杨怀远走过来，李鹏总理也跟着走过来。杨怀远忙迎上去，双手紧紧握住江总书记的手，不知说什么好。李鹏总理不认识杨怀远，就问江总书记："这是谁？"江总书记端详了杨怀远许久，跷着大拇指向李鹏总理介绍说："上海的杨怀远，有名的小扁担精神。"李鹏总理跟着也跷起了大拇指，就在这时，《工人日报》记者肖喻雷按下了照相机快门，记下了这一珍贵的瞬间。杨怀远激动得热泪盈眶。

当晚12点，当大家在会务组看到这张照片时，无不激动万分，有的说，这张照片是党和国家领导人对广大劳模和先进工作者的最高评价，不仅是夸杨怀远一个人，而且是在夸全国的劳模和先进工作者，这充分说明劳动人民在我们国家的主人翁地位。第二天，即五一当天，《人民日报》在头版头条刊登了"总书记、总理夸劳模"的照片，后来，《工人日报》、《上海海运报》也都刊登了这张照片。杨怀远在当天的日记里写道：

我是一个很普通的客运服务员，做了一点应该做的事情，党和人民就给予我这么高奖赏，我太感动了。荣誉应该归功于党，归功于人民。我一定要更好地为旅客挑小扁担，做更多的好事。说一千道一万就是要为两个文明建设出更大力，流更多汗，就是干! 干! 干!

➡ 誉满神州

★★★★★

杨怀远先进事迹的宣传主要是在上世纪 60 年代和 80 年代。

1963 年杨怀远工作的"民主 5 号轮"就成为全国工交系统表扬的九个先进单位之一，名叫"红旗船"。同年，杨怀远被评为"上海市五好职工"。1965 年杨怀远被授予"全国交通战线学习毛主席著作标兵"、"上海市团市委红旗青年突击手"。很多旅客称赞他为"雷锋式的好服务员"。1965年中共交通部政治部发文号召开展群众性学习杨怀远、赶杨怀远的活动。《大公报》上较早提出了杨怀远是"雷锋式的人物"。1966年，杨怀远在北京参加交通部召开的毛主席著作学习积极分子授奖大会。1966年春，杨怀远被授予上海市学习毛主席著作标兵。1966年4月出版的报刊中指出："杨怀远被人称为毛主席教导出来的好服务员。"原交通部部长孙大光说："杨怀远的事迹不下于雷锋。"

1982年，杨怀远被授予"上海市劳动模范"、"全国交通战线劳动模范"。1985年10月5日，杨怀远向交通部机关干部1500多人作了题为"只求为人民服务到白头"的工作汇报。新华社、中央人民广播电台、中央电视台、《人民日报》、《工人日报》、《经济日报》、《中国交通报》等都报道了杨怀远的讲话稿，《解放日报》、《文汇报》等全国各省、市报纸都作了转载。同年，杨怀远在上海人民出版社出版的17万字的《讲点服务学》一书作为上海地区振兴中华读书活动推荐书目。

1985年，杨怀远除了被授予全国劳模之外，还被授予"全国交通系统两个文明建设标兵"、"上海市优秀共产党员"、"交通部特级服务员"光荣称号。

1986年2月，杨怀远作为海运职工党员代表参加了上海市五届党代会，并被选为市委候补委员。

1986年6月23日，杨怀远参加了全国交通系统两个文明建设经验交流会，并被授予交通部两个文明建设标兵。6月27日下午，杨怀远被邀请到中南海向国务院机关工作人员作了一场服务学的报告。

1986年11月，杨怀远参加了全国先进党支部和优秀共产党员事迹经验交流会，并在大会上作了报告。邓小平等党和国家领导人接见了全体参会代表。杨怀远正好站在邓小平同志椅子后面。当小平同志向杨怀远前面走过来时，杨怀远忙伸出双手，小平同志慈祥地伸出双手和杨怀远第一个握了手。会后，留下四位代表，应邀到中南海怀仁堂给中直机

△ 杨怀远的先进事迹在社会上引起很大反响，上海市"十大窗口"服务明星黄青平、郑佩华等前来向杨怀远学习服务经验

关干部作报告。四个人中，杨怀远最后一个作报告，他讲了32分钟，会场上为他鼓了八次掌。这次到北京，杨怀远还被邀请到北京市委在人民大会堂召开的干部大会和中国民航总局、清华大学等单位去作报告。一个服务员能在中国最高的学府给教授和大学生讲课，杨怀远感到无比自豪。

1986年，杨怀远还被授予全国总工会五一劳动奖章。

1987年10月，杨怀远为全国海员工会"金锚奖"获得者。

1988年，杨怀远为病员旅客服务的经过被写入上海市全日制小学四年级思想品德课本第二课里。

1989年，杨怀远作为特邀代表参加国务院全国劳动模范代表大会。

1991 年，杨怀远荣获上海市优秀共产党员称号。

1993 年，杨怀远的名字和事迹被收入《中国名人大词典》。

......

⟶ 永远的"小扁担"

★★★★★

我为人民挑扁担，革命重担挑在肩；
胸怀朝阳大步走，泰山压顶腰不弯。
我为人民挑扁担，如海深情挑不完；
肩挑行李送老弱，手扶亲人出港站。
我为人民挑扁担，春夏秋冬挑不闲；
挑得冰水化春水，挑来凉风送暑天。
我为人民挑扁担，越挑心里越觉甜；
万里征途跟着党，肩挑扁担永向前。

这是杨怀远的诗——《我为人民挑扁担》。

38 年过去了，杨怀远践行着他的诺言。38 年过去了，杨怀远的肩上有两块像肉馒头一样的肉疙瘩，这正是杨怀远 38 年来挑扁担的最好见证。

杨怀远的小扁担，自上世纪 90 年代以来，已经作为革命文物被中国革命博物馆、上海中共一大会址纪念馆、"南京路上好八连"连部、上海武警部队、上海港客运总站等单位征集并陈列展出。他自己珍藏的 10 根扁担，有著名电影演员秦怡等 300 多位中外人士在扁担上留名、留言致意，写有我国汉、蒙、维吾尔和英、法、德、日、俄、朝鲜、缅甸等国家的文字。这些字里行间，充满着人间真情，充满着人间温暖，充满着人间力量，充满着人间大爱。

2009 年，在庆祝国庆 60 周年之际，为深入开展群众性爱国主义教育活动，中央宣传部、中央组织部、中央统战部等部门联合组织开展评选"100 位为新中国成立作出突出贡献的英雄模范人物和 100 位新中国成立以来感动中国人物"活动，在群众广泛推荐提名的基础上，经评审组认真评议，报活动组委会审定，先按正式入选的 1.5 倍比例各确定 150 名候选人，又经过公布，并在《人民日报》、《解放军报》、《光明日报》、《经济日报》《科技日报》《工人日报》等数十家媒体刊登候选人主要事迹，经过公众投票，杨怀远最终入选"100 位新中国成立以来感动中国人物"。这是党和人民对杨怀远的最高褒奖。2009 年 9 月 22 日，杨怀远又被中华全国总工会评为"时代领跑者——新中国成立以来最具影响的劳动模范"之一。

除了小扁担，人们对杨怀远最多的记忆，还有他的顺口溜。杨怀远用日记的方式积累了 8000 余首顺口溜，这些生活化、艺术化的语言，记录着他的服务感悟、乐欢精神、助人情怀和令人振奋的力量。

是什么力量支撑着杨怀远在极其平凡的岗位上，38 年如一日，在人生的风风雨雨中，在社会的改革变化中始终坚定信念，乐于奉献，永做人民的小扁担，全心全意为人民服务，杨怀远总结了四点体会：

一是要坚信为人民服务的宗旨。牢记一个宗旨，就是在任何情况下不淡泊宗旨，他把毛主席写的"为人民服务"五个大字写在扁担上，用扁担上的五个字时刻观照自己。

二是有党的教育关怀。杨怀远觉得自己在旧社会是个讨饭的穷苦孩子、放牛娃，今天能够当上全国劳模，全靠党和组织的教育培养。领导的关怀鼓励和报刊的宣传报道，对他鼓励很大，使他有勇气去战胜各种困难挫折，永远向前。

三是旅客的爱护支持。杨怀远是个爱客迷，他与旅客之间有一种很深厚的感情，每次在他遇到困难的时候，广大旅客都给予很大的理解和支持，也使得他在精神上得到莫大的安慰，提高了他同困难作斗争的勇气。

四是有家属做坚强的后盾。杨怀远的爱人佘秀英始终支持杨怀远岗位学雷锋，为了家庭和事业，作出了很大的牺牲。

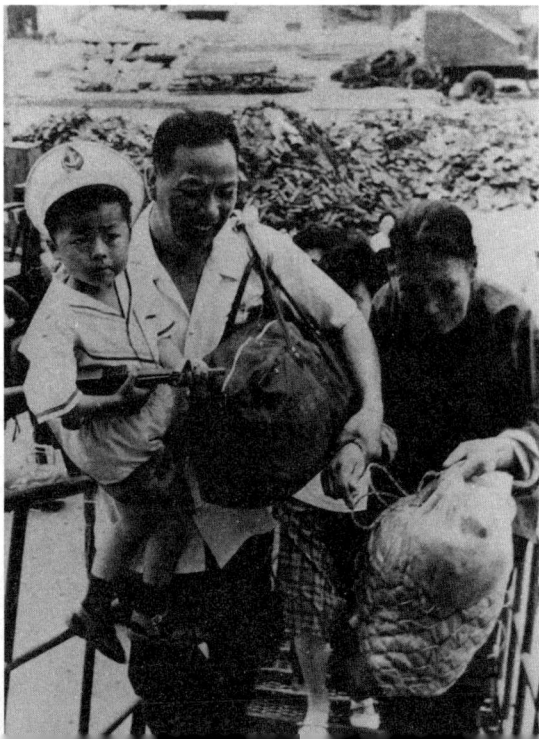

▷ 杨怀远38年如一日，扶老携幼为旅客服务，谱写着人间大爱

她长期与杨怀远患难与共，理解支持和配合杨怀远的工作，使杨怀远的小扁担一直能挑下去。杨怀远感慨地说："我的小扁担不是挑的而是抬的，一头压在我的肩上，另一头压在我妻子佘秀英肩上。"

杨怀远人生的目标只有一个：只求为人民服务到白头，到白头还不停留。他的名字是跟"小扁担精神"联系在一起的，被认为是雷锋精神的延续。

有人说，杨怀远最受尊敬之处，就是他三次向组织报告，请求辞官不做，而选择适合自己的劳动岗位，并在此岗位上，作出了贡献，赢得了尊严！

有人说，杨怀远政委不当，当服务员真是个傻瓜。杨怀远却说："为人民服务不在地位，就在永远的'小扁担精神'。"

杨怀远说："在漫长的人生旅途中，往往会有一些关系一生的重大转折。我的重大人生转折，就是学雷锋，它决定了我大半辈子的人生。"杨怀远在38年中，始终以雷锋为榜样，甘当人民的"挑夫"。

杨怀远又说："我是安徽人民的儿子，我这个大海里的一滴水是从安徽山上淌下来的。我是共产党员，我的党章随身带了40多年，我对这个党员很珍惜，党员就要按党章去办，我把党员的8条义务都背下来了，所以在行动上经常对照，是不是淡泊了。"

杨怀远服务不分贵贱，他为旅客服务不怕苦、不怕累、不怕脏、不怕烦、不为名、不为利的事迹深深打动了每一个人。

他全心全意为人民服务的精神，他助人为乐、无私奉献的精神，他吃苦耐劳、爱岗敬业的精神，是中华传统文化中的"大仁"、"大爱"、"大美"，是对中华民族优秀传统文化的继承和发展，是我们当代提倡的社会主义核心价值观，是人类美好情操的时代闪光，应该永远存在下去，发扬光大！

参考书目

1. 中国共产党交通部政治部宣传部编：《杨怀远是怎样活学活用毛主席著作的》，人民交通出版社，1965年6月北京第一版。

2. 北方区海运管理局政治部报道组编写：《海上红色服务员》，上海文化出版社，1966年4月第1版。

3. 蔡祖泉、杨富珍、杨怀远、红雷青年小组，学习毛主席著作经验介绍《在斗争中学在斗争中用》，上海人民出版社，1966年4月第1版。

4. 《杨怀远日记摘抄》，《文汇报》，1966年4月10日。

5. 《杨怀远日记摘抄》，《解放军报》，1966年4月10日。

6. 上海交通大学红色武工队等：《戳穿杨怀远"毛选学习标兵"的画皮》，《工学运动》，1967年1月。

7. 上海交通大学红色武工队等：《杨怀远的灵魂深处》，《工学运动》，1967年1月。

8. 上海图片中心编印：《人民的"小扁担"》，上海新华书店发行，1985年12月。

9. 杨怀远：《讲点服务学》，上海人民出版社，1985年12月第1版。

10. 上海海运局工会编：《杨怀远诗歌选》，内部读物，1987年12月。

11. 张士敏：《荣誉的十字架》，作家出版社，1989年2月北京第1版。

12. 王湘云主编：《杨怀远日记诗歌选》，上海海运（集团）公司编印，1994年。

13. 杨怀远：《为人民服务到白头》，人民交通出版社，1995年3月第1版。

14. 吴祖德主编：《杨怀远歌谣选》，上海世纪出版股份有限公司少年儿童出版社，2008年1月第1版。

15. "双百"评选活动组委会编：《100位新中国成立作出突出贡献的英

雄模范人物 100 位新中国成立以来感动中国人物》，人民出版社，2009 年 10 第 1 版。

16.李春光主编:《时代的先锋祖国的骄傲》,《人民日报》出版社，2009 年 11 月第 1 版。

17.凌文编著:《感动中国的 100 位道德模范人物》，石油工业出版社，2010 年 6 月第 1 版。

18.朱庆葆王月清主编:《脊梁》，南京大学出版社，2011 年 5 月第 1 版。

19.中共上海市委组织部等编:《口述上海——信仰的力量》，上海教育出版社，2011 年 5 月第 1 版。

20.罗新安主编:《理想在我心中》，上海文艺出版(集团)有限公司，2011 年 6 月第 1 版。

21.陈广生著:《雷锋小传》，中国青年出版社，1963 年 4 月北京第 1 版。

22.陈广生、崔家骏著:《雷锋的故事》，解放军文艺出版社，1990 年 2 月第 1 版。

23.师永刚、刘琼雄著:《雷锋》(1940—1962),生活·读书·新知三联书店，2006 年 3 月北京第 1 版。

后　记

在平凡中感动中国

给家乡的全国劳模杨怀远写个传记，是我多年的一个想法。

我为什么要给杨怀远写个传呢？这是我身边很多人关心的问题。之前我出版过《三国名将周瑜》、《淮军名将吴长庆》，这两位都是我们庐江人，也都是水军，周瑜是中国传统水军的代表人物，吴长庆是清代广东水师提督，而杨怀远是海上客运服务员，也算得是个水军序列人物，虽人在上海，但是我们庐江人，因此，作为家乡的文化文史工作者，也有责任来关注他，给他写个传记，也完成了我的《水军三部曲》。而更为重要的，是杨怀远的一种品质，一种精神，一种力量在深深地影响着我、激励着我、感动着我。在我看来，杨怀远只是做了一些非常平凡的小事，这些都是大家都能做到而且也不难做到的小事，可为什么他值得我们去颂扬呢？是因为他在任何的情况下都一直在坚持，一直在努力，一直在提高，一直在扶危解困，助人为乐，他的坚韧和毅力正是一个人的品质，是人间的"大仁"；杨怀远的人生最大的特点是传承了雷锋精神，一种在新社会的翻身感，在杨怀远身上化作巨大的力量，爱党爱国爱人民是杨怀远永远的信念，做好每一件小事，每一件好事，每一件实事，则更是杨怀远的终生追求，这种精神，是人间的"大爱"；杨怀远有一种感人的力量，而这种力量并非豪言壮语，而是在极其平凡的言语中记录了他的言行：只求为人民服务到白头，甘做人民的"挑夫"，永远奉献，永不停息，是人间的"大美"。而这些，都凝聚在杨怀远的"小扁担精神"里，这种"小扁担精神"在和平环境，在社会发展，在民族复兴中，都要大力提倡，尤为重要者，这种精神值得每一个人去学习，具有巨大的现实意义。

因此，社会需要杨怀远的这种精神，文史工作者也需要有这个担当，把杨怀远的先进事迹宣传出去。而促使我为大劳模杨怀远写个传记这个愿望实现的，却是去年腊月，在我接到吉林文史出版社王尔立副总编的电话后，才付诸实施。

于是，我给大劳模去电话，讲明我的意图，寻访大劳模的出生地，采访大劳模的家人、亲戚和战友。在此，我想首先要感谢杨怀远同志，他对我这个家乡的文化人很理解，也十分支持我的工作。清明节前夕，与杨老幸会，才使我真正领略到了这位全国劳模的风采；其次要感谢庐城镇高旭社区书记汤仲勋同志，他是杨怀远的外甥，他为我牵线搭桥、搜集资料，还帮助我采访杨怀远同志的亲友；最后还要感谢原庐江县人民医院主治医师夏日玉同志，他与杨怀远同志同年入伍并在一个连队，他为我讲述了很多杨怀远同志鲜为人知的故事。

本书参考了不少有关杨怀远事迹的书籍、图片资料，尤其是杨怀远本人的一些日记和回忆文字，在此谨表谢忱。

由于手头资料有限，加之采访不够深入，编写时间匆促，书中一定有很多不当之处，还望大家批评指正。我们有理由相信，今后一定会有更为精彩的大劳模《杨怀远》问世。

夏冬波

2012 年 6 月 10 日于三脉斋

图书在版编目（CIP）数据

杨怀远 / 夏冬波著. -- 长春：吉林文史出版社，
2012.7（2024.5重印）
（100位新中国成立以来感动中国人物）
ISBN 978-7-5472-1149-6

Ⅰ. ①杨… Ⅱ. ①夏… Ⅲ. ①杨怀远－生平事迹－青
年读物②杨怀远－生平事迹－少年读物 Ⅳ.
①K828.1-49

中国版本图书馆CIP数据核字(2012)第173140号

杨怀远

YANGHUAIYUAN

著/ 夏冬波

选题策划/ 王尔立　责任编辑/ 王尔立 李洁华 任玉茗

装帧设计/ 韩璘

出版发行/ 吉林文史出版社

地址/ 长春市福祉大路5788号　邮编/ 130118

电话/ 0431-81629363　传真/ 0431-86037589

印刷/ 天津海德伟业印务有限公司

版次/ 2012年8月第1版 2024年5月第5次印刷

开本/ 640mm×920mm　1/16

印张/ 9　字数/ 100千

书号/ ISBN 978-7-5472-1149-6

定价/ 29.80元

100位

新中国成立以来感动中国人物

丁晓兵　马万水　马永顺　马恒昌　马海德　中国女排五连冠群体

孔祥瑞　孔繁森　文花枝　方永刚　方红霄　毛岸英

王　杰　王　选　王　瑛　王乐义　王有德　王启民

王进喜　王顺友　邓平寿　邓建军　邓稼先　丛　飞

包起帆　史光柱　史来贺　叶　欣　甘远志　申纪兰

白芳礼　任长霞　刘文学　刘英俊　华罗庚　向秀丽

廷·巴特尔　许振超　达吾提·阿西木　邢燕子　吴大观

吴仁宝　吴天祥　吴金印　吴登云　宋鱼水　张　华

张云泉　张秉贵　张海迪　时传祥　李四光　李春燕

李桂林和陆建芬夫妇　李素芝　李梦桃　李登海　杨利伟

杨怀远　杨根思　苏　宁　谷文昌　邰丽华　邱少云

邱光华　邱娥国　陈景润　麦贤得　孟　泰　孟二冬

林　浩　林巧稚　林秀贞　欧阳海　罗映珍　罗健夫

罗盛教　草原英雄小姐妹　赵梦桃　钟南山　唐山十三农民

容国团　徐　虎　秦文贵　袁隆平　钱学森　常香玉

黄继光　彭加木　焦裕禄　蒋筑英　谢延信　韩素云

窦铁成　赖　宁　雷　锋　谭　彦　谭千秋　谭竹青

樊锦诗